동성애
과연 타고나는 것일까?

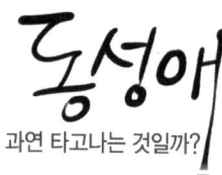

동성애
과연 타고나는 것일까?

초판1쇄 인쇄 2014년 11월 17일
초판1쇄 발행 2014년 11월 19일

지은이 길원평, 도명술, 이세일
         이명진, 임완기, 정병갑

발행인 이왕재

펴낸곳 건강과생명(www.healthlife.co.kr)
주 소 110-460 서울시 종로구 대학로7길 7-4 1층
전 화 02-3673-3421~2 팩 스 02-3673-3423
이메일 healthlife@healthlife.co.kr
등 록 219-05-78242

총 판 예영커뮤니케이션
전 화 02-766-7912 팩 스 02-766-8934

정 가 8,000원

ⓒ건강과생명 2014
ISBN 978-89-86767-33-9 03330

'라온누리'는 '건강과 생명'의 새로운 출판브랜드입니다.

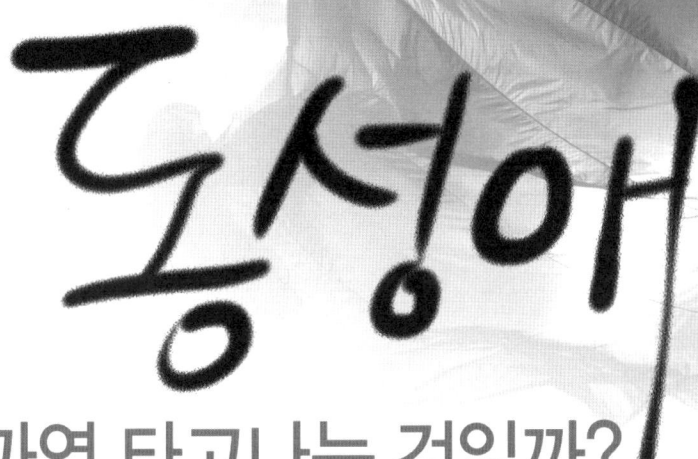

동성애

과연 타고나는 것일까?
동성애 유발요인에 대한 과학적 탐구

길원평 외 5인 지음

Scientific Examination about the Causing Factor to Homosexuality
Homosexuality is innate?

차례 CONTENTS

- 서문_11
- 추천사_15

I. 동성애란 무엇인가?

1. 동성애의 정의 ··25
2. 동성애자는 얼마나 많은가? ································26
   킨제이보고가 왜 틀렸나?_28
3. 한국의 동성애자 빈도 ······································29
4. 동성애의 선천성에 관한 왜곡된 연구 사례 ···············31
   국내에서의 영향_32

II. 동성애는 유전되는가?

1. 생명체의 행동양식에 대한 유전자의 일반적인 사실 ········35
2. 동성애로는 출산할 수 없다 ································37
   동성애 옹호론자들의 반론에 대한 반론_37
3. 쌍둥이 연구 ···40
   1) 칼만(Kallmann)의 연구_40
   2) 1990년대 베일리(Bailey)의 연구_41

3) 킹(King)과 맥도날드(McDonald)의 연구 _ 42

    4) 2000년의 베일리(Bailey)의 연구 _ 42

    5) 켄들러(Kendler)의 연구 _ 45

    6) 랑스트롬(Langstrom)의 연구 _ 46

    7) 요약 _ 48

4. 동성애 유전자는 존재하는가? ·· 52

    1) 해머(Hamer)의 연구 _ 52

    2) 라이스(Rice)의 연구 _ 53

    3) 무스탄스키(Mustanski)의 연구(해머 포함) _ 53

    4) 라마고파란(Ramagopalan)의 연구(라이스 포함) _ 56

    5) 베일리(Bailey)의 연구 _ 57

    6) 요약 _ 58

5. 동성애에 미치는 유전적 영향의 상대적 비율 ··························· 60

    1) 유전적인 영향보다 환경적인 영향 _ 60

    2) 과장된 유전적인 영향 _ 61

    3) 환경적인 영향과 유전적인 영향의 상대적 비율 변화 _ 62

6. 기타 일반적인 유전학에 기초한 추론 ·················64
　　1) 다유전자적(multigenetic) 유전 _ 64
　　2) 돌연변이 _ 65

III. 동성애는 태아기의 성호르몬에 의해 결정되는가?

1. 동성애자의 손가락과 태아기 호르몬의 영향 ···············72
　　1) 윌리엄(William)의 연구 _ 72
　　2) 윌리엄 논문에 대한 추가 반론 _ 75
2. 태아기 과량 분비 호르몬의 영향 ·······················77
　　1) 디에틸스틸베스트롤의 영향 _ 77
　　2) 선천성 부신 과형성 _ 78
3. 태아기의 호르몬 직접 측정과 그 영향 ···················80
4. 요약 ···82

IV. 동성애를 하게 만드는 두뇌를 갖고 태어나는가?

1. 성호르몬과 두뇌 형성 ································88
2. 시상하부 간질핵 ·····································89
　　1) 리베이(LeVay)의 연구 _ 89
　　2) 바인(Byne)의 연구 _ 91
3. 전교련 ··95

4. 뇌량 ·· 96

5. 뇌영상 연구 ·· 98

6. 요약 ·· 99

V. 동성애의 선천성을 주장하는 기타 논리

1. 발생 과정의 문제 ·· 103

2. 형이 많아지면 남동생이 동성애자가 될 확률이 증가한다?
   - 면역이론 ·· 104

   1) 형 효과를 부정하는 연구 _ 105

   2) 형 효과에 대한 반론 _ 105

VI. 동성애가 유전 및 선천성이 아니라면?

1. 동성애 형성에 영향을 미치는 요인 ······························ 111

   1) 유전과의 관련을 시사하는 요인 _ 113

   2) 환경적 영향을 시사하는 요인 _ 114

2. 유전보다 환경/경험 ·· 115

   1) 성장환경 _ 115

   2) 연령 증가에 따른 동성애 경향의 감소 _ 116

3. 환경/경험이 두뇌에 미치는 영향 ·································· 118

   1) 경험이 두뇌 구조에 미치는 영향 _ 120

         2) 두뇌의 가소성(plasticity) _ 122
    4. 의지적 선택 ··124
         1) 경험의 영향 _ 124
         2) 의지적 선택 _ 125
         3) 강한 의존성 _ 127

VII. 오해와 진실

    1. 동성애가 선천적임을 주장하는 이유 ·································131
    2. 유전적인 영향과 무관하게 비정상은 비정상 ·······················134

VIII. 요약과 결론

    1. 요약 ···139
    2. 결론 ···142
    3. 우려되는 한국의 미래 ···144

부록 1. 차별금지법의 문제점 ···149

부록 2. 동성애의 보건의료적 문제점 ··155

    1. 항문성교 ···155

1) 구조적 문제점 _ 155

　　2) 기능적 문제점 _ 157

　　3) 면역장애 _ 157

　　4) 위생적 문제점 _ 158

　　5) 장전염병 _ 158

　　6) 성병 _ 159

2. 에이즈 ··· 159

　　1) 국내 통계 _ 160

　　2) 고위험군 _ 161

　　3) 외국 통계 _ 162

　　4) 동성애자가 에이즈에 잘 걸리는 이유 _ 163

　　5) 국내 청소년과 청년의 에이즈 감염 급증 _ 165

　　6) 생존 에이즈 환자의 장기 후유증 _ 168

　　　① HIV/AIDS에 흔한 암

　　　② 기타

　　7) 에이즈 치료 _ 169

　　8) 의료비 문제 _ 170

　　9) 우려되는 한국의 미래 _ 171

　　10) 동성애자의 헌혈 제한 _ 172

・ 관련 홈페이지 주소 _ 174

・ 주 _ 177

서문

　동성애가 왜 생기는지에 대한 과학적 연구들을, 특히 동성애가 선천적으로 타고나는 것인지에 대해 살펴보려고 한다. 드라마에 나오는 배우가 "동성애를 하고 싶어서 하는 것이 아니라, 이렇게 태어났기 때문에 어쩔 수 없이 한다."고 말을 하고 잔잔한 음악이 흐르면, 그 드라마를 보는 시청자들에게는 동성애자가 불쌍하게 보이며, 어쩔 수 없이 동성애를 하는 사람들을 비난해서는 안 되겠다고 생각하게 된다. 이러한 드라마와 영화를 보다보면 대부분의 사람들은 동성애가 태어나기 전에 선천적으로 결정되는 것으로 생각한다. 동성애가 선천적으로 결정된다면, 동성애는 치유가 불가능하다. 동성애자들은 동성애에서 벗어나려고 애쓰지 않고, 자신의 동성애를 인정하고 살 수밖에 없다. 동성애자들에게는 동성애가 선천적으로 결정되는 것인지 아닌지의 여부가 앞으로의 삶의 방향을 결정하는 데에 중요하다.

　동성애가 선천적으로 결정된다면 동성애를 도덕적인 문제가 없는 정상으로 인정해야 한다. 왜냐하면 자신의 의지와 관계없이 동성애자로 결정되어져서 태어나므로 그러한 동성애자를 비난할 수 없다. 피부색, 인종처럼 선천적으로 결정되어 태어나는 것을 이유로, 그러한 사람들을 비난해서는 안 되는 것과 같은 이치이다. 반면에 동성애가 자신의 의지로 선택된 것이라면, 그러한 선택을 한 그 사람에게 도덕적인 책임을 물을 수가 있다. 따라서 동성애가 선천적으로 결정되는 것인지 아닌지는 다른 사람들이 동성애자들을 어떻게 보아야 하는지를 정하는 핵심적인 사항이다. 이러한 의미에서 현대사회에서 논란이 되는 동성애에 대한 객관적 논의를 위하여 동성애가 선천적으로 결정되는 것인지 아닌지에 대한 과학적 탐구가 필요하다. 또한 동성애가 환경 또는 학습/경험에 의해 생긴다면, 새로운 환경과 학습/경험을 통해 동성애를 고칠 수가 있다.

일반인들이 단편적으로 알고 말하는 대부분의 내용들은 논문으로 발표된 것을 언론에서 간략하게 소개한 것으로부터 시작되었다. 언론에서 짧게 기사화한 내용들이 동성애의 선천성에 대한 오해와 편견을 만들어낼 때가 자주 있다. 왜냐하면 현대사회는 동성애를 옹호하는 진영과 동성애를 반대하는 진영이 첨예하게 대립하는 구조 가운데 있기 때문이다. 각 진영은 자신들에게 유리한 내용만을 부각시켜서 알리려는 경향이 있다. 또한 동성애의 선천성을 조사한 논문들의 내용은 일반인이 이해하기에 어려운 것들이므로, 그러한 논문 내용을 해석하고 편집한 중간 전달자의 의도대로 이해할 수밖에 없다. 본서에서는 현재까지 발표된 논문들의 정확한 내용과 의미를 확인하여 동성애의 선천성에 대한 정확한 지식을 전달하고자 한다. 동성애의 선천성에 관한 여러 논문들의 결과를 알기 쉽게 정리하였다. 결론부터 말하면, 동성애는 유전도 아니며 선천적인 것도 아니라는 것이다.

본서에서는 가능한 논문에 있는 내용을 그대로 전달하려고 노력하였으며, 되도록 알기 쉽게 쓰려고 노력하였다. 그러기 위하여 방대한 연구 결과 중에서 핵심적인 논문들을 선택하여 자세히 설명함으로써 독자들이 확실하게 이해할 수 있도록 노력하였다. 또한 최근에도 관련 논문들이 지속적으로 발표되고 있으므로, 아직 확실하게 정립되지 않은 것을 다루는 것은 적절하지 않다고 판단하고 본서에 소개하지는 않았다. 그러나 앞으로 확실하고 새로운 사실이 발표되어 일정 수준에 도달할 때마다 지속적으로 개정판을 낼 것을 약속한다. 이 책의 많은 부분이 네일 와이트헤드와 브라이어 와이트헤드가 공저한 'My Genes Made Me Do It! Homosexuality and the Scientific Evidence' 이란 책과 와이트헤드 책을 토대로 '바른성문화를위한국민연합'에서 편집한 '동성애에 대한 불편한 진실' 이란 책에서 발췌되었으며, 그 책에 있는 그림과 내용들을 발췌하는 것을 허락하신 저자께 진심으로 감사를 드린다.

본서를 집필하게 된 직접적인 동기는, 2014년 6월에 전국 고등학생들이 치른 전국연합학력평가에서 동성애와 동성결혼에 관한 문제가 세 개 나왔다. 그런데 세 문제 모두 학생들로 하여금 동성애자와 동성결혼을 옹호하는 인식을 갖도록 유도하였다. 즉, 동성애자를 비도덕적이라고 보는 시각은 잘못되었으며, 동성결혼을 합법화하는 것이 외국의 추세이며 옳다는 인식을 갖도록 만든다. 동성애를 옹호하는 교육을 하면 다음 세대의 성의식이 왜곡되고 결국 서구처럼 동성애를 합법화하는 결과를 초래한다. 교사들에게 동성애에 대한 정확한 지식을 알리는 것이 시급하다고 판단하였다. 우리 대한민국의 국민 모두가 동성애는 타고나는 것이라는 오해에 빠지지 말고 바른 진리 위에 굳건히 서고 건전한 성윤리를 유지하기 바란다.

2014. 10. 15.

- 저자 일동

추천사

최근 사회적으로 논란이 되는 동성애에 관한 연구 결과들을 체계적으로 정리하여, 동성애는 타고난 것이 아님을 명쾌하게 밝힌 탁월한 책이다.

일반인들도 알기 쉽게 유전자, 두뇌, 호르몬 등의 결과를 일목요연하게 정리하였다. 서구 지식인들로 하여금 동성애를 '타고난 것'으로 오해하게 만들었던 논문 결과들이 최근 연구에 의해 어떻게 뒤집어졌는지를 분명히 보여준다.

이 시대의 한국 지식인들이 반드시 읽어야 할 필독서로 강력하게 추천한다.

- 김영길 _ 전 한동대학교 총장

동성애는 과연 유전적인가?

오랫동안 많은 사람들이 던진 이 질문에 대해 가장 명확하게 과학적으로 설명하는 책이 출간되었기에 무척 기쁩니다.

물론 유전한다고 해서 다 해도 된다는 뜻은 아닙니다. 수많은 유전질환이 있지만 우리는 다양한 의학적 접근을 통해 이를 바로잡는 노력을 기울여 왔습니다. 설령 동성애가 유전된다 하더라도 우리는 모든 노력을 집중해서라도 이를 치료하여야 할 것입니다.

하지만 동성애는 결코 유전하지 않는다는 것입니다.

마치 동성애가 유전하는 '선천성 현상'이기에 어쩔 수 없이 이를 받아들여야 한다는 많은 주장의 허구에 대해 이 책은 과학적 근거를 바탕으로 조목조목 반박하고 있습니다.

집필에 참여하신 길원평교수님을 비롯한 여러 전문가들께 마음 깊이 감사드립니다.

생명의 존엄성과 기본 원칙이 무너지는 위기의 시대를 살아가는 우리 모두에게 이 한 권의 책이 올바른 지침을 제시하여 다시금 사회를 회복시키는 계기가 되길 간절히 소망합니다.

- 박상은 _ 샘병원 의료원장, 성산생명윤리연구소장

전 세계를 거대한 사회갈등의 소용돌이 속으로 몰아넣고 있는 동성애! 동성애는 유전자에 의한 것인가? 환경에 의한 것인가? 자연의 질서를 무너뜨리고 인륜에 대한 반란임으로 막아야 한다는 입장과, 소수자의 인권 보호와 인간 평등을 위한 역사적인 진전이 이루어져야 한다는 목소리가 팽팽히 맞서고 있는 동성애 갈등은 이제 우리 사회에서도 더 이상 무시하고 넘어갈 수 있는 사회 문제가 아니다. 그동안 우리나라 언론은 동성애에 대한 공정한 과학적인 그리고 사회과학적인 보도를 통해 동성애에 대한 우리 사회의 갈등을 해소시켜 나가기보다, 각 언론사의 성향에 따른 단순 정보 전달로 인해 오히려 그 갈등을 증폭시켜 왔다. "동성애, 과연 타고나는 것일까?", 이 책은 동성애 유발요인에 대한 탐구서로서, 그동안 각 개인의 정치적 성향과 사회 인식 편향 정도에 따라 달랐던 동성애 문제에 대한 과학적 접근을 가능하게 하는 책으로, 동성애 반대론자들 뿐 아니라, 동성애의 원인과 사회 논쟁에 관심이 많은 동성애 지지자들도 꼭 읽어봐야 할 책이다.

- 유정칠 _ 경희대학교 생물학과 교수

정신건강의학과에서 진료를 하다보면 동성애와 관련해서 고통받는 사람들을 꽤 만날 수 있다. 남에게 드러내지 못해서 힘들어하기도 하고, 가족들의 강한 반대에 부딪히기 때문이기도 하다. 주변의 시선 혹은 현실이나 장래의 문제로, 이제는 그만하고 싶은데 그럴 수 없다는 것 때문이기도 하다. 우울해지기도, 불안해지기도, 화가 나기도, 답답해하기도 한다.

그러다보니 자신들은 어쩔 수 없이 타고 난 것인데 사회적인 압력 때문에 고통을 겪는다고 원망한다. 세상에는 이런 원망을 정당화해주는 여러 논리들이 있고 그것들로 위안을 받으면서 살아간다. 하지만 이 책은 그야말로 과학적인 방법을 총동원하여 동성애에 관한 모든 문헌을 광범위하게 조사하여 동성애가 결코 유전적으로 결정되는 것도 선천적으로 타고 나는 것도 아니라는 너무도 명확한 결론을 도출해낸다.

동성애와 관련해서 고통을 받고 있는 사람이 이 책을 읽는다면 비록 당장은 힘들더라도 타고 나서 어쩔 수 없는 것이 아니라 새로운 삶을 살아갈 수 있을 가능성을 열 수 있다는 믿음을 가지게 될 것이다. 또 그동안 어쩔 수 없이 타고 난 사람들을 차별하지 않도록 동성애 차별금지법을 제정해야 한다고 주장하는 것이 인간적인 것이 아니라 오히려 정확한 사실을 알아내고 새로운 생활을 격려하는 것이 더 인간적인 것일 수 있다는 것을 말해준다. 이런 논리들을 하나하나 꼼꼼하게 찾아낸 저자들의 정성에 진심으로 큰 갈채를 보낸다.

- **채정호** _ 서울성모병원 정신건강의학과 교수, 대한불안의학회 이사장, 한국인지행동치료학회 회장

동성애 유발요인에 대한 과학적 탐구 《동성애 과연 타고나는 것일까?》 발간을 축하
- 본질과 비본질의 차이를 차별하지 말자 -

차이(差異)를 차별(差別)하지 말고 동일(同一) 대신 동등(同等)을 추구하자.
본질적인 것에서는 일치를 이루면서 그 본질을 사수하고, 비본질적(非本質的)·지엽적인 것에서는 다양성을 인정하는 자유로 관용·포용·수용·용납하자. 이 둘을 잘 구별할 수 있는 지혜를 구비하도록 노력하자. 이 모든 것에 경쟁과 비교가 아닌 사랑을 더하고 실천하자.
'열 길 물 속 깊이는 알 수 있어도 한 길 사람 속은 알기 힘들다' 는 속담이, 비뇨생식기계 영상의학 의사·교수인 나에게는, 매순간 뼈저리게 실감이 난다. 하루 종일 최신 의학 영상(X-선 촬영·투시, 초음파검사, 컴퓨터 단층 촬영, 자기공명영상, 혈관조영술 등)을 통해 살아있는 사람의 속(내부)을 들여다보고 있기에, 겉과 속이 얼마나 불일치하는지를 절감하고 있다. 사람의 겉모습이 다 다르듯이 인체의 내부도 정말 천차만별이다. 뿐만 아니라 동일인도 시간·시기·상태에 따라 달라지게 마련이다.

이 세상에서 외모 · 성격 · 성향 · 유전 · 신체내부가 100% 똑같은 사람은 없었고, 없으며, 앞으로도 없을 것이다. 일란성(一卵性) 쌍생아(雙生兒)도 마찬가지이다. 이렇게 많은 차이로 인해 남과 비교되면서 차별 대우를 받는 것을 좋아할 사람은 아무도 없다.

그런데 스스로 소외되고 차별 받고 있다고 생각하는 소수(少數)를 보호한답시고 올곧게 조용히 살고 있는 다수(多數)를 무시하거나 차별해서는 안 될 것이다.

성적취향 · 유전 · 인권(人權) 등을 주창하면서 동성애자 차별금지법을 표면에 내세우는 것은, 대다수의 이성애자(異性愛者)들에 대한 역차별(逆差別)이 될 수도 있다는 자체 모순을 안고 있다. 예를 들어 유독 아이들에게만 성적 욕구를 느끼는 소아기호증(小兒嗜好症 · pedophilia) 혹은 소아성애증(小兒性愛症) · 소아애착증(小兒愛着症) 환자들이 자기들을 절대로 차별하지 말라고 집단 시위를 한다면, 피해를 입을 가능성이 많은 소아들이나 그 부모들을 오히려 거꾸로 차별하는 것 아닐까? 사춘기 이전의 소아(대개 13세 이하)와 성행위를 하거나 또는 성행위를 하는 공상으로 성적 흥분을 경험하는 소아기호증이 법적으로 문제가 되는 성도착(性倒錯症) 중 가장 흔히 발생하는데도 불구하고, 소아기호증 환자에 대한 차별을 금지시켜달라는 것이 과연 옳을까?

  내가 보기에는, 동성애에 관한 한 본질과 비본질이 가장 뒤죽박죽이 된 것 같다. 동성애 자체가 인생과 삶의 본질이 될 수 없음이 명백한데도 불구하고, 동성애를 본질과 동등으로 삼는 것은 본질에 대한 모독이고 본질 · 비본질에 관한 역차별이 아닐 수 없다. 아무리 차이를 차별하지 말라고 해도 본질과 비본질의 차이까지 차별하지 말고 동일시 · 동등시하라는 것은 결코 아니다.

자기 혼자만 만족한다고 행복해지는 게 결코 아니지 않은가! 더불어 사는 삶인데, 주위에 있는 사람들에게 피해를 주는 대신 그들을 돕고 섬겨서 함께 행복해져야 자신도 행복해지는 것 아닌가? 이것이 제대로 된 인생의 본질이 아닐까? 비본질인 동성애의 노예가 되지 말고 처절한 노력을 통해 동성애를 거꾸로 노예로 삼은 후, 아직도 고통 받고 있는 동성애자들의 회복을 돕는 자들이 많아지길 바란다.
상아탑에서 진리를 탐구하고 가르치는 이들이 발 벗고 나서서 함께 발간한 이 책을 통해 동성애의 실체를 정확히 알고, 하늘·자신·남·자녀·부모·조상에게 떳떳한 삶을 살아가자.

- **김종철** _ 충남대학교 의학전문대학원 교수, 의학박사

동성애는 왜 생기는 것인가?

동성애 유발 요인 문제를 놓고 동성애를 옹호하는 진영과 동성애를 반대하는 진영 사이에 치열한 논쟁이 벌어지고 있다.

동성애 옹호론자들은 동성애가 유전자나 태아기 호르몬 등의 유전적 요인에 의해 선천적으로 결정된다고 주장한다. 반면에 동성애를 반대하는 진영의 주장은 동성애는 선천적인 것이 아니라 자신의 의지적 선택의 결과라는 점을 강조한다. 찬반 양 진영의 주장이 이처럼 첨예하게 대립되는 이유는 무엇일까? 그것은 동성애를 유전적(선천적) 요인에 의해 유발되는 것으로 보느냐 아니면 후천적(의지적) 요인에 의해 형성되는 것으로 보느냐에 따라 동성애를 바라보는 시각과 접근 태도가 확연히 달라지기 때문이다.

동성애자들이나 동성애 옹호론자들이 동성애가 타고난 것이라고 주장하는 이유는 이 주장이 쉽게 동성애를 합리화할 수 있기 때문이다. 동성애가 선천적인 것이라면 동성애는 불가항력적인 것이 된다. "난 그렇게 태어났어!" "엄마가 낳았잖아. 내가 이렇게 낳아 달라고 부탁했어?" "신이 날 이렇게 만들어 놓고 이성애를 나한테 강요하는 게 말이 돼." "네 잘못이 아니니까 가슴을 펴고 살아." 영화나 TV드라마 속에 등장하는 이런 대사나 인터넷 등에 자주 거론되는 이런 이야기들이 동성애 옹호론자들의 의도를 잘 보여준다. 동성애를 성별이나 피부색처럼 자연스럽게 타고나는 것으로 인식하게 만들면 동성애가 부도덕한 일이라는 오명을 벗을

수 있다. 이런 논지가 대중들에게 받아들여진다면 동성애는 더 이상 비정상적인 것이 아니라 정상으로 받아들여야 할 순리가 되기 때문이다.

그러나 동성애가 타고난 것이 아니라면? 동성애가 선척전인 요인보다는 환경이나 학습·경험 등에 의한 후천적 요인의 영향을 받은 개인이 자신의 의지적 선택에 의해 이를 받아들인 결과라면 어떻게 되는가? 동성애가 타고난 것이 아니라면, 동성애를 바라보는 시각도 근본적으로 완전히 바뀔 수밖에 없다. 동성애가 유전에 의한 결과가 아니라면 다음과 같은 동성애자들의 주장은 설득력을 잃게 된다. "동성애적 성적 지향은 피부색처럼 유전에 따른 결과이기 때문에 어쩔 수 없는 것이다." "동성애는 바뀔 수 없다." "동성애는 치료가 불가능하다." "동성애는 사람이 자유롭게 선택할 수 있는 요소가 아니기 때문에 동성애를 윤리적으로나 종교적으로 비난하는 것은 잘못된 것이다." "동성애자들은 자신들의 성적지향을 자유롭게 추구할 권리가 있다." "우리는 성적 소수자들의 권리를 존중하고 지켜줘야 한다." 등등.

따라서 동성애 유발 요인에 대한 과학적 탐구는 매우 중차대한 문제다. 동성애를 받아들일 것인가? 치료할 것인가? 하는 문제를 가늠하는 매우 중요한 시금석이 되기 때문이다.

그런 의미에서 본서는 동성애 이슈의 핵심을 잘 파헤친 책이라고 할 수 있다.

안타까운 것은 대중들 사이에 "동성애가 유전적인 것이라면 … 인정해야 한다."는 인식이 과거에 비해 널리 퍼져있다는 점이다. 이런 인식이 널리 퍼진 배경에는 감성을 자극하는 동성애 영화나 드라마 같은 대중문화 속 동성애 컨텐츠도 한 몫을 했겠지만, 무엇보다 '게이 유전자 발견'과 같은 과학자들의 연구논문 발표가 대중들의 인식에 큰 영향을 미쳤다고 볼 수 있다. 이런 연구발표는 1990년대에 주로 이뤄졌는데, 주제 목록으로는 유전(쌍둥이 연구, 가계연구) 및 유전자 연구, 선천성 연구, 신경학적 (두뇌) 연구, 성호르몬 연구 등이 있다.

본서는 동성애가 유전적인 것이라고 주장하는 지금까지의 거의 모든 연구결과들이 연구 방법론상 명백한 결함이 있음을 보여준다. 동성애가 선천적으로 유전되는 현상이라는 주장을 뒷받침해주는 연구결과들의 대다수가 원하는 결과를 도출하려는 동성애자들의 의도가 직간접적으로 작용했다는 점과 개인 과학자에 의한 소규모 조사였다는 점, 그리고 10년 후에 대규모로 진행된 후속 연구 논문들을 통해 이전의 왜곡되고 과장된 연구결과들이 모두 잘못되었음이 밝혀졌음에도 불구하고 호도된 여론에 의해 대중들에게 아직도 동성애에 대한 잘못된 오해가 확산되고 있다는 점 등을 들어 동성애가 선천적으로 유전되는 현상이라는 주장의 허구성을 밝혀주고 있다.

이 책은 비록 연구논문들을 분석한 책이지만 과학을 잘 모르는 일반인들도 논문의 데이터를 쉽게 이해할 수 있도록 최대한 친절하고 자세하게 논문의 요지를 설명한 저자들의 배려가 돋보이는 책이다. 따라서 과학적 진리에 관심을 가진 지성인들과 일반인들이 이 책을 읽으면 누구나 동성애가 결코 타고난 것이 아님을 과학적 토대 위에서 확신하게 될 것이라고 믿어 의심치 않는다. 한마디로 이 책은 동성애 유발요인에 대한 과학적 탐구를 통해 진실을 알려주는 역작이라 할 수 있다. 바라기는 본서가 왜곡되고 과장된 과학적 데이터를 근거로 대중의 인식을 호도하고 동성애에 대해 부정적인 생각을 하는 침묵하는 다수를 향해 그동안 목소리를 높여 왔던 동성애 지지자들의 근거 없는 주장을 무너뜨리는데 크게 쓰임 받는 다윗의 물맷돌이 되기를 바란다.

따라서 이 책을 반드시 읽어야 할 필독서로서 적극 추천한다. 이 책을 한 번이라도 정독한다면 누구나 동성애라는 논쟁적 주제에 합당하게 대처할 수 있으리라 믿는다.

- **이왕재** _ 서울대학교 의과대학 교수, 의학박사

chapter 1 동성애란 무엇인가?

chapter 1 동성애란 무엇인가?

1. 동성애의 정의

동성애자들은 대체로 다음과 같은 특징을 가진다.[1]
첫째, 동성을 향한 성적 끌림(sexual attraction) 현상을 나타낸다.
둘째, 동성과의 성관계(sexual behavior)를 가진다.
셋째, 동성애자로서의 성 정체성(sexual identity)을 가진다.

첫째 특징인 성적 끌림은 주관적인 생각이기에 어느 정도 모호성을 가지고 있으며 자신의 공상일 가능성도 있다. 따라서 첫째 특징만 가지고 있는 사람을 동성애자로 분류하면 동성애자의 비율이 과장되는 결과를 낳을 수 있다. 둘째 특징은, 행동으로 옮겨 성관계를 맺으므로 좀 더 분명한 동성애자라고 볼 수 있다. 하지만 성관계를 얼마나 자주 하느냐에 따라 동성애자로서의 확실성은 달라진다. 예를 들어, 단순한 성적 호기심에 의해 일시적으로 동성과의 성관계를 가진 사람들도 있기 때문이다. 셋째 특징은 자기 스스로 동성애자로 인식하는 단계에 들어와 있기에, 어느 정도 분명하게 동성애자로서의 삶을 살고 있다고 볼 수 있다.

남성 동성애자는 구강성교와 항문성교를 함으로써, 여성 동성애자는 구강성교와 성구를 사용함으로써 상대방의 성기를 자극하고 성적 쾌감을 느낀다. 동성애에 대한 대조용어로서 남자와 여자와의 성관계를 이성애라 부르고, 동성애와 이성애를 함께 하는 경우를 양성애라고 부른다. 최근 들어 학자들은 동성애, 이성애, 양성애를 총칭하여 성적 지향이라고 부른다. 동성애자들은 성전환자들과 더불어 하나의 공통된 집단을 이루는데, 이들은 GLBT로 통칭된다. 이는 남성 동성애자(gay), 여성 동성애자(lesbian), 양성애자(bisexual), 성전환자(transgender) 등을 의미한다.

2. 동성애자는 얼마나 많은가?

동성애자에 대한 기준을 어떻게 정하느냐에 따라 설문조사의 결과가 달라진다. 예를 들어, 동성애자로서의 성 정체성을 가진 사람을 동성애자로 간주하면 동성애자의 비율은 상대적으로 낮은 값을 나타낸다. 반면에 성적 끌림만 있을 때에도 동성애자로 간주하면 동성애자의 비율은 상대적으로 높은 값을 보이게 된다.

동성애자의 비율을 조사한 최초의 학자는 알프레드 킨제이이다. 킨제이는 1948년에 5,300명의 남성을 대상으로 조사하여 '남성의 성적 행동'이란 책을 출판하였다.[1] 그는 이 책을 쓰기 위해 오랫동안 연구조사를 수행하였으며, 그 내용도 엄청나게 방대하다. 이 책은 즉각 서구사회에 큰 반향을 일으켰으며, 그 이후의 성적 행동 연구에 막대한 영향력을 끼쳤다. 그는 이 책에서 미국 남성의 13%가 16세에서 55세까지 최소 3년 동안 동성애 경향을 보인다고 주장하였고, 1953년에 쓴 '여성의 성적 행동'이란 책에서 여성 동성애자가 7%라고 주장하였다.[2]

그런데 킨제이 자신은 이성애와 동성애를 함께 즐긴 양성애자였다. 그래서인지 근친상간, 어린이나 동물과의 성행위를 포함한 모든 종류의 성행위를 옹호하였으며, 성에 가해진 문화적·종교적 제한에 대해 분노하였다. 그래서 그는 자신이 원하는 결과를 얻기 위하여 수백 명의 남성 매춘부, 1,200명의 성범죄자, 성정체성에 문제가 있는 고등학교에 소속된 300명의 학생, 다수의 소아애호자, 노출증 환자, 교도소의 수감자 등을 자신의 연구대상에 포함시켜서 이들이 최소한 전체 표본의 1/4을 차지하도록 하였다.[3,4] 또한 연구자들은 유아와 어린이들에게 오르가즘을 느끼도록 손과 입으로 자위행위를 시켰다. 이와 같은 방법으로 연구를 수행하였기에 킨제이의 연구결과는 왜곡될 수밖에 없었고, 그가 원하던 대로 동성애자의 비율이 과장되어 높게 나타났다. 그는 과학적인 객관성을 유지하였다고 주장하였지만,[5] 그가 책을 쓴 목적은 남녀 간의 사랑인 이성애가 성적 행동의 표준이 아님을 증명하고 이성애자들에게 동성애적 경험을 조장하려는 것이었으며, 그 목적은 상당히 달성되었다.[1]

록펠러대학의 보엘러(Voeller) 교수는 킨제이 결과를 사용하여 인구의 약 10%가 동성애자라고 주장하였으며, 이러한 사실을 대중매체, 국회, 법원, 교회, 정신과 의사 등에게 널리 퍼뜨렸다. 그 결과, 미국에서는 1980년과 1990년대에 인구의 10%가 동성애자라는 것이 널리 받아들여지게 되었고,

---

1) 와이트헤드의 책 '나는 사랑받고 싶다(이혜진 역, 2007)'의 160~163 페이지에서 발췌하였다.

그 결과 불행하게도 법을 만들고 정책을 수립하고 교육 프로그램을 만들 때에도 그 왜곡된 사실이 반영되는 불행한 결과를 초래하였다. 보엘러 교수는 나중에 공개적으로 자신도 동성애자임을 밝히고 현대 동성애 인권단체의 창시자가 되었다.

킨제이보고가 왜 틀렸나?

킨제이 결과가 과장되었음을 뒷받침하는 조사결과를 소개하겠다. 네일 와이트헤드와 브라이어 와이트헤드 박사는 1988년부터 2010년 사이에 수행된 여러 설문조사 결과를 수집하였는데,[16] 동성애자와 양성애자의 기준을 설문조사 이전 12개월 동안에 있었던 성관계로써 정하였다. 수집된 결과들에 의하면, 남성 동성애자 빈도의 평균값은 약 1%이며, 여성 동성애자 빈도의 평균값은 약 0.6%이었다. 그래서 남녀를 합했을 때에는 동성애자가 대략 0.8%라고 볼 수 있다. 또한 남성 양성애자와 동성애자를 합한 수치의 평균값은 약 2.9%이고, 여성 양성애자와 동성애자를 합한 수치의 평균값은 약 1.8%이었다. 그래서 남녀 양성애자와 동성애자를 합했을 때에 평균값은 대략 2.4%라고 볼 수 있다.

2003년의 캐나다 공중위생조사에서는 동성애자가 1%, 양성애자가 0.7%이었고,[17] 2006~2008년에 미국 질병통제예방센터에서 실시한 가족성장전국조사에서 동성애자가 1.4%, 양성애자가 2.3%이었으며,[18] 2010년의 영국 통계청 인구조사에서는 동성애자가 1%, 양성애자가 0.5%이었다.[19] 이 결과들로부터 킨제이의 연구결과가 과장되었음을 확실하게 알 수 있다. 과거의 연구와 그에 따른 주장이 과장된 것이 확실하지만 이제는 그러한 과장을 알았다 하더라도 이미 동성애가 상당히 확산되어 정치적인 압력단체를 형성할 정도로 증가하였으므로 돌이키기에는 어려운 단계에 이르렀다.

3. 한국의 동성애자 빈도

한국에이즈연맹은 1996년 9월에 낸 보고서에서 국내 동성애자의 현황을 파악하기 어렵다고 전제한 뒤, 전국의 게이바 등을 실사하여 동성애자의 수를 11만 명으로 추산했다.[1] 그러나 이는 한두 번의 동성애 경험이 있거나 없더라도 게이사회에 발을 들여놓는 과정 중에 있는 소극적 동성애자를 포함한 수치인데, 적극적인 동성애자는 약 1만 명 정도이다. 1995년도 인구조사의 결과를 이용하면, 15~49세 남성인구가 1,339만 명이므로, 적극적 동성애자는 15~49세 남성의 0.07%이다.

한국성과학연구소가 2003년에 발표한 자료에 의하면, 한국 남성 2,000명을 설문조사하여 그 중 1,613명을 분석한 결과, 자신을 동성애자로 밝힌 비율은 0.2%이고, 양성애자로 밝힌 비율은 0.3%이고, 동성애 경험이 있는 비율이 1.1%이었다.[2] 같은 단체가 2011년에 발표한 자료에 의하면, 서울시에 거주하는 성인남녀 1,000명을 무작위로 추출하여 설문조사를 한 결과, 남성의 1.1%와 여성의 0.3%가 한두 번이라도 동성애 '경험'이 있다고 응답했다.[3]

동성애 경험이 있는 남성의 비율이 1.1%로 2003년과 2011년이 동일하므로, 최근 들어 동성애자의 비율이 거의 변동되지 않은 것으로 가정한다면, 현재 동성애자로서의 성정체성을 가진 남성은 2003년의 결과처럼 0.2%로 볼 수 있다.

한국성과학연구소의 성의식 조사가 서울 지역을 중심으로 이루어졌으며, 서울 이외의 지역은 보수적이기에 전국적인 조사를 한다면 남성 동성애자의 비율은 이보다 낮을 것이다.

전문가의 의견에 따르면, 에이즈 감염자의 약 70%가 동성애로 인하여 감염이 된다고 보기 때문에, 에이즈 감염자의 지역 분포로부터 동성애자의 분포를 추측할 수 있다. 2010년 인구 통계를 이용하면,[16] 서울 남성은 480만 명으로 총 남성 인구 2,417만 명의 19.9%이다. 그런데 1985년부터 2011년 사이의 누적 통계에 의하면, 전체 에이즈 감염자 8,542명 중에서 발견 당시 주소지를 보면, 서울이 3,204명으로 전체 감염자의 37.5%에 달한다.[15] 따라서 서울의 남성이 에이즈에 걸릴 확률이 전국 평균에 비해 2배 정도 높다고 추정할 수 있다. 이 사실은 서울의 남성 동성애자 비율이 전국 평균에 비해 2배 정도 높다는 것을 암시하므로, 전국 남성 동성애자 비율을 서울의 절반인 0.1%로 추정하는 것이 합리적이다.

이러한 추정은 1996년의 전국적인 조사에서 적극적 동성애자가 전체 남성의 0.07%인 것과도 부합한다. 따라서 2010년도 인구조사의 결과를 이용하면, 15~49세 남성인구가 1,330만 명이므로 현재 동성애자로서의 성정체성을 가진 남성은 대략 13,000명일 것으로 추정된다. 한국성과학연구소의 2011년 조사에서 여성의 동성애 경험자가 남성의 동성애 경험자의 약 1/4이므로 동성애자로서의 성정체성을 가진 여성은 남성 동성애자의 1/4 수준인 0.03%일 것으로 추정된다. 2010년도 인구조사 결과를 이용하면, 15~49세 여성인구가 1274만 명이므로 여성 동성애자는 대략 4,000명일 것으로 추정된다. 따라서 한국의 총 동성애자의 수는 대략 17,000명일 것으로 추정되며, 동성애자의 비율은 대략 0.07%일 것으로 추정된다. 위의 추정은 최근 10년 동안 동성애자가 증가하지 않았다고 가정한 결과인데, 최근 10년 동안 에이즈 환자는 4배 증가하였으므로 동성애자가 증가하지 않았다는 가정은 틀릴 가능성이 높다. 최근 10년 동안 동성애자가 두 배 정도 증가하였다고 가정하면, 대략 남성 동성애자는 26,000명, 여성 동성애자는 8,000명, 총 동성애자는 34,000명으로 추정되므로, 동성애자의 비율은 0.13%로 추정된다. 이러한 수치는 대략 서구 사회의 1/6 수준이다.

여기서 강조해야 할 점은 위에서 말한 동성애자의 수는 동성애자로서의 성정체성을 가진 사람의 수를 뜻한다. 단순히 동성 간의 성경험이 있는 사람 또는 동성에 대한 성적 끌림을 가진 사람의 수를 조사하면, 동성애자로서의 성정체성을 가진 사람의 수에 비해 훨씬 많을 것이다. 결론적으로 말하면, 아직 한국의 동성애자 수는 많지 않지만, 사회적으로 동성애를 용인하는 분위기가 형성되고 있어서 지금이 동성애 확산 저지에 매우 중요한 시기라고 본다. 지금 동성애 확산을 막기 위한 적극적인 대처를 하지 않으면, 동성애자의 숫자가 어느 정도 이상으로 증가하여 하나의 압력단체를 이루게 되어 서구 사회와 같이 더 이상 돌이킬 수 없는 단계에 이르게 될 것이다.

4. 동성애의 선천성에 관한 왜곡된 연구 사례

20세기 말부터 동성애의 선천성에 관한 연구들이 활발하게 진행되었다. 그 이유를 추측해 보면, 동성애의 선천성 규명 연구를 수행한 동성애자 학자들은 자신이 가지고 있는 동성애가 '병적' 이 아니라는, 즉 '정당하다' 는 사실을 주장하고 싶었을 것 같고, 일반 학자들은 사회에서 금기시하던 문제를 파헤치고 싶은 지적 호기심이 발동한 것으로 보인다.

연구한 주제들의 목록으로는 유전(쌍둥이 연구, 가계연구) 및 유전자 연구, 선천성 연구, 신경학적 (두뇌) 연구, 성호르몬 연구 등이 있다.

동성애에 대한 유전자, 두뇌, 쌍둥이의 동성애 일치 비율에 대한 연구 결과들을 시간 순서대로 살펴보면, 1990년대에 집중적으로 동성애는 유전이며 선천적인 것이라고, 즉 동성애는 타고난 것이라고 오해하게 만드는 논문들이 쏟아져 나왔다. 이러한 논문들을 접한 서구 사회의 많은 사람들은 동성애는 타고난 것이라고 믿게 되었다. 그 후 10년 쯤 흐른 후에 동성애는 타고난 것이라고 오해하게 만든 논문들이 잘못되었음이 밝혀졌다. 하지만 이미 사람들의 마음속에 동성애는 타고난 것이라는 잘못된 지식이 깊이 심겨졌으며, 동성애자들이 지속적으로 정치, 문화, 교육 등의 영역에서 압력단체로서의 역할을 하고 있기 때문에 서구 사회에는 동성애는 타고난 것이라는 잘못된 정보가 여전히 널리 퍼져 있다.

국내에서의 영향

서구 사회에 확산되어 있는 잘못된 정보가 한국에도 조금씩 밀려들어오고 있다.

동성애에 관련된 온라인과 오프라인의 정보들을 살펴보면, 동성애는 유전이며 선천적인 것이라고, 즉 동성애는 타고난 것이라고 오해하게 만들었던 서구의 왜곡된 1990년대 연구결과들을 증거로서 많이 인용되고 있다. 그러나 동성애는 타고난 것이라고 오해하게 만든 논문들이 잘못되었음이 이미 밝혀졌음에도 불구하고, 잘못을 밝힌 최신 연구결과들은 거의 언급되지 않고 있다.

주로 온라인을 통해 유포된 편향된 정보들이 한국 국민들로 하여금 동성애에 대해 오해하도록 만들어서, 왜곡된 과학적 자료에 의해 서구의 많은 사람들이 동성애를 타고난 것으로 인식하게 되었던 것과 같은 전철을 밟는 것 같아 매우 우려된다. 이러한 오해를 막으려면 논문들의 연구수행 과정과 결과를 정확히 소개해야 한다.

이제 이들 연구들을 차례로 소개하고 각각 왜 틀렸는지, 그리고 어떻게 왜곡된 판단을 야기했는지 설명하고자 한다.

chapter 2 동성애는 유전되는가?

chapter 2 동성애는 유전되는가?

1. 생명체의 행동양식에 대한 유전자의 일반적인 사실

어떤 행동이 유전에 의한 것이란 말의 의미는, 그러한 행동을 하도록 만드는 유전자가 있다는 뜻이다. 유전자는 세포핵 안의 DNA에 있으며, DNA는 이중 나선구조를 가진 화학물질이다.[1] 쉽게 말하면, 긴 사다리를 나선모양으로 꼬았다고 보면 된다. 그런데 이 긴 사다리 모양의 DNA에 엄청난 정보가 보관되어 있다. DNA는 한 개인의 몸의 구성, 성장, 퇴화, 행동양식 등 인간에 대한 모든 프로그램이 내장된 아주 작은 컴퓨터라고 보면 된다. 이 프로그램에 의해 부모의 정자와 난자가 만나 생성된 한 개의 세포로 된 수정란이 분열 및 성장하면 100조 개의 세포로 된 몸을 형성하게 된다. 이러한 방식으로 부모가 가진 특성이 자식에게로 전달되어 부모와 닮은 자녀가 태어난다. DNA 안에는 수많은 유전자들이 존재하며, 유전자의 일반적인 역할은 우리 몸 안의 구조를 결정한다. 그런데 놀라운 것은 100조 개의 세포는 모두 똑같지 않고 놀랍게도 각기 다른 모양으로 독특한 기능을 수행한다. 심장, 간, 위장, 두뇌 등 각각의 장기는 수백억 개의 세포로 이루어져 독특한 기능을 수행하면서 전체적인 생명현상을 유지한다. 이 모든 것이 단 한 개의 세포에서 생겨났으며, 분열하는 과정 중에 여러 모양으로 바뀌어져 적당한 위치에서 적당한 크기가 된 후에 분열이 멈추게 된다. 한 개의 세포가 분열하여 몸이 되는 과정이 DNA에 의해 전체적으로 조율된다고 추측한다. 즉 DNA는 굉장히 정교한 설계도라고 볼 수 있다.

그런데 유전자는 일반적으로 다른 여러 유전자들과 상호 연관되어서 작동한다. 한 유전자가 제대로 발현하기 위해서도 여러 다른 유전자들의 도움이 필요하다.[2] 어떤 때는 20개 이상의 유전자들이 한 유전자의 발현에 필요하다.[12] 즉, 한 유전자가 독자적으로 어떤 역할을 하는 것은 매우 드물며, 다른 많은 유전자들과 상호작용한다. 최근에 효모(yeast)의 268개 유전자들 사이에 567개의 상호작용이 존재하는 것으로 밝혀졌다.[13] 연구할수록, 유전자들 사이의 상호작용이 굉장히 복잡하게 얽혀 있음을 알게 된다.

어떤 행동양식이 유전되는지 혹은 아닌지를 확인하는 것은 가계 연구, 쌍둥이 연구, 유전자 발견 등에 의한다. 동성애에 대해서도 이러한 유전 연구가 진행되어 왔다.

---

2) 발현이란 유전자에 있는 정보가 생명체의 실제 모습으로 나타나게 되는 것이다.

2. 동성애로는 출산할 수 없다

동성끼리 유사 성행위를 하는 동성애로는 아기를 낳을 수 없다. 아기는 남성의 정자와 여성의 난자가 만나서 결합해야 태어날 수 있다. 남자와 여자가 성행위를 하는 마지막 단계에서 정자가 나오게 되고 정자와 난자로 이루어진 수정란이 만들어지며, 그 수정란이 성장하여 아기가 태어나게 된다. 아기가 태어나야만 부모의 유전자가 다음 세대로 전달되며 유전이 이루어진다. 동성애로는 아기를 낳을 수 없다는 사실로부터 쉽게 동성애는 유전될 수 없다는 것을 유추할 수 있다. 이 내용을 조금 다르게 표현하면, 자녀를 적게 낳는 행동양식은 결코 유전적일 수 없다. 왜냐하면 어떤 행동양식을 갖게 만드는 유전자를 가진 집단이 자녀를 적게 낳으면, 그 유전자는 다음 세대로 적게 전달되므로 결국 그 유전자를 가진 집단은 사라지게 된다. 어떤 유전자 집단이 여러 세대에 걸쳐 지속적으로 존재하려면, 그 집단의 성인 한 명 당 한 명의 아이를 낳아야 한다. 그런데 남성 동성애자들은 여성과의 결혼을 기피한다. 조사에 따르면, 남성 동성애자의 15%만 결혼한다.[1-5] 또한 2011년 조사에 의하면, 남성 동성애자의 13.5%가, 여성 동성애자의 47.6%가 한 명 이상의 아이를 갖는다고 한다.[6] 이러한 조사결과에 의하면, 남성 동성애는 급격히 줄어들어야 하며, 여성 동성애는 조금 천천히 줄어들어야 한다.

그러므로 동성애가 유전이라면, 동성애는 이미 지구상에서 사라졌어야 한다. 동성애가 지금도 존재한다는 사실 자체가 유전이 아님을 나타낸다.

동성애 옹호론자들의 반론에 대한 반론

위에서 설명한 이론적 약점을 극복하기 위하여 동성애 옹호론자들이 만든 몇 가지 주장이 있다.

첫째, 남성이 동성애를 하게 만드는 유전자가 남성 동성애자의 여동생 또는 누나에게도 존재하는데, 남성 동성애자는 그 유전자가 다음 세대로 전달되도록 가족을 부양하면서 도와준다는 것이다. 그런데 조사를 해 보면, 동성애자들은 대체로 가족들과의 관계를 끊고 친밀한 유대관계를 가지지 않으므로 이 주장은 설득력이 없다.[17]

둘째, 동성애 유전자를 가진 남성은 섬세한 성품을 가져서 여성들로부터 인기가 좋으므로, 남성 이성애자보다 자녀를 많이 낳을 확률이 높다는 것이다. 남성 동성애자가 여성들로부터 인기는 더 있을지 몰라도, 남성 동성애자 본인이 여성과의 성관계를 원하지 않으므로 그들의 결혼 비율은 15% 정도로 아주 적다. 여성과의 성관계를 원하는 남성 이성애자보다 남성 동성애자가 자녀를 많이 낳을 확률이 높다는 주장은 당연히 설득력이 없다.

셋째, 남성 동성애를 유발하는 유전자는 X 염색체에 있어서 여성에 의해 다음 세대로 전달되며, 그 유전자를 가진 여성은 많은 자녀를 낳는다는 것이다. 이러한 논리를 지지하는 것으로 보이는 결과를 2004년에 치아니(Ciani)가 발표하였다.[18] 그는 98명의 남성 동성애자와 100명의 남성 이성애자의 친척인 4,600명을 조사한 결과, 남성 동성애자의 부계 쪽 여자 친척이나 남성 이성애자의 여자 친척보다 남성 동성애자의 모계 쪽 여자 친척이 자식을 많이 낳는다는 사실을 발견하였다. 이러한 결과를 토대로 동성애 유전자가 남성에게는 동성애 성향을 낳지만, 여성에게는 왕성한 출산력을 갖도록 할 것으로 추측하였다.

세 번째 주장은 첫 번째와 두 번째 주장보다 설득력이 있지만 몇 가지 문제점이 있다. 첫 번째 문제점은 치아니의 조사 결과를 큰 집단을 통해서 검증해야 한다는 것이다. 동성애와 관련된 조사가 소규모로 진행되었을 때에 왜곡된 결과를 낳는 사례들이 종종 있었다. 앞에서 언급하였듯이 킨제이는 의도적으로 동성애자의 비율이 과장되도록 유도하였다. 최근 들어 캐나다, 영국 등에서 정부 차원의 대규모 조사를 실시함으로써 킨제이 결과가 과장되었음을 분명히 알게 되었다. 그간 과학자들이 소규모 집단을 대상으로 조사할 때에 일란성 쌍둥이의 동성애 일치 비율이 왜곡되어 높게 나온 사례들이 있다. 이러한 문제가 발생하는 이유는 동성애 관련 조사 연구 시 자신들이 원하는 결과를 도출하려는 동성애자들의 의도가 직간접적으로 작용하였기 때문이다. 이러한 문제점을 배제하기 위해서는 개인 과학자에 의한 소규모의 조사가 아니라 공신력이 있는 단체가 대규모로 조사를 실시해야 한다. 그래야만 치아니에 의한 조사결과에 대한 통계적인 신뢰도가 제고된다.

세 번째 주장의 두 번째 문제점은 남성 동성애 유전자가 X 염색체 위에서 발견되지 않았다는 것이다. 나중에 동성애 유전자에 대한 자세한 설명이 있겠지만, X 염색체 위에서 남성 동성애를 일으키는 유전자의 존재는 확인되지 않았다. 좀 더 정확히 말하면, 모든 염색체 위에서 남성 동성애를 일으키는 유전자의 존재는 확인되지 않았다. 또한, 어떤 특정한 유전자가 여성의 출산력을 크게 증가시킨다는 연구 결과가 발표된 적이 없다. 여성이 자녀를 많이 낳는 것은 남성으로부터의 인기, 영양상태, 피임, 의료시설 등의 수많은 요인의 복합적인 영향이므로, 어떤 특정한 유전자에 의하여 왕성한 출산력을 가지게 될 가능성은 매우 낮다. 발견되지도 않은 동성애 유전자가 여성의 출산력을 높여 동성애 유전자가 사라지지 않게 만든다는 것은 그럴듯할지는 몰라도 과학적으로 입증되지 않은 추상적 논리일 뿐이다. 동성애 옹호론자들이 어떠한 논리를 개발하더라도 잠재되어 있는 동성애 유전자가 작동하여 실제적인 동성애자가 되면 이성과의 성관계는 물론 이성과의 결혼도 원하지 않기 때문에, 그 동성애 유전자는 다음 세대로 적게 전달될 수밖에 없다. 따라서 동성애 유전자를 가진 사람은 점차적으로 줄어들 수밖에 없다.

3. 쌍둥이 연구

동성애가 타고난 것인지 아닌지를 확인할 수 있는 결정적 증거는 일란성 쌍둥이의 동성애 일치 비율이다. 일란성 쌍둥이는 한 개의 수정란이 나누어져 두 사람이 되었으므로 동일한 유전자를 가지며, 같은 어머니의 자궁에서 동일한 호르몬의 영향을 받았기에,[3] 만약 동성애가 유전자와 태아기의 호르몬의 영향에 의해 결정된다면, 일란성 쌍둥이는 당연히 높은 동성애 일치 비율을 가져야 한다. 즉, 일란성 쌍둥이 중의 한 명이 동성애자라면, 일란성 쌍둥이의 다른 형제도 동성애자일 확률이 높아야 한다. 유전자와 태아기의 호르몬 이외에 선천적으로 동성애자가 되게 만드는, 우리가 알지 못하는 요인들이 있다 하더라도, 그 요인들까지도 일란성 쌍둥이에게 동일하게 영향을 준다. 그러므로 일란성 쌍둥이는 동성애를 선천적으로 형성하게 만들 모든 요인들의 영향을 동일하게 받는다. 모든 선천적 요인의 영향을 동일하게 받은 일란성 쌍둥이의 동성애 일치 비율을 보면, 동성애가 정말 선천적으로 형성되는지 아닌지, 혹은 선천적인 요인들의 영향은 얼마나 되는지를 알 수 있다.

1) 칼만(Kallmann)의 연구

1952년에 칼만(Kallmann)이 수행한 연구에서 일란성 쌍둥이의 동성애 일치 비율이 100%이었고, 이란성 쌍둥이의 동성애 일치 비율은 대략 15%이었

---

[3] 일란성 쌍둥이의 25%는 같은 태반(placenta)을 공유하므로 혈액을 공유해서 호르몬의 영향을 동일하게 받는다고 볼 수 있다. 태반을 공유하지 않는 일란성 쌍둥이의 경우에도, 한 쪽만 동성애자가 되게 할 만큼 호르몬 이상을 겪을 가능성이 매우 낮다. 태반을 공유하지 않는 이란성 쌍둥이 중 한 쪽은 남자이고 다른 쪽은 여자인 경우에, 쌍둥이 남자 형제의 남성 호르몬에 의한 영향이 여자에게 미친다는 결과가 있다.[4] 이처럼 태아기의 호르몬이 일란성 쌍둥이에게 동일하게 영향을 미친다고 보는 것이 합리적이다.

다.[1] 위의 결과는 동성애가 타고난 것이라는 판단을 하게 만들지만, 이 조사는 교도소와 정신병원 수감자를 대상으로 한 것이어서 신뢰성이 떨어진다.

2) 1990년대 베일리(Bailey)의 연구

1991년과 1993년에 베일리(Bailey) 등의 연구에서, 남성의 경우, 일란성 쌍둥이의 동성애 일치 비율은 52%이었고, 이란성 쌍둥이는 22%, 다른 형제는 9.2%, 입양된 형제는 11%이었으며, 여성의 경우, 일란성 쌍둥이는 48%, 이란성 쌍둥이는 16%, 다른 형제는 14%, 입양된 자매들은 6%이었다.[2,3] 위의 결과는 유전자가 같은 일란성 쌍둥이의 동성애 일치 비율이 유전자가 다른 이란성 쌍둥이와 형제들의 동성애 일치 비율에 비해 월등히 높기에, 동성애는 유전적인 요인에 의해 형성됨을 강력하게 시사한다. 이 결과는 대중매체에 의해 광범위하게 소개되었으며, 동성애가 유전에 의해 결정되는 것으로 일반인들을 믿게 만들었다. 그런데 이 결과는 동성애를 공개적으로 옹호하는 잡지와 타블로이드판 신문을 통하여 조사대상을 모집하였기에 신뢰성이 떨어진다. 동성애가 유전적 요인에 의하여 결정된다는 주장에 힘을 실어주려고, 동성애자인 쌍둥이들이 의도적으로 많이 응모했을 수 있기 때문이다. 이것을 '지원자 오류(volunteer error)'라고 부른다. 실제로 다른 조사에서 베일리 등이 얻은 연구 결과가 재현되지 않았다.

최근 대규모로 이루어진 최근의 결과들을 보면, 베일리 등이 1991년과 1993년에 얻은 조사결과는 많은 동성애자인 쌍둥이가 응모함으로써 과장되었음을 확인할 수 있다. 하지만 1991년과 1993년에 결과가 발표되었을 때에, 객관적인 과학 자료라고 생각한 많은 사람이 순수하게 그 결과를 믿고 받아들였으며, 결국 법과 정책에도 반영되었다. 과학적 자료라는 이름으로 포장되어 발표된 왜곡된 결과가 얼마나 위력을 갖고 사람들의 마음을 변화시키고 여론을 형성하는지를 잘 나타내는 사례라고 본다. 또한 1991년 베일리 등의 남성 일란성 쌍둥이의 동성애 일치 비율이 52%라는 결과는, 일치하는 쌍둥이에게 두 배의 가중치를 주는 방식으로 계산된 것이므로, 일반인에게 높은 일치 비율로 오해하게 만든다(가중치를 주는 방식에 대해 아래에서 자세하게 설명하겠다).

3) 킹(King)과 맥도날드(McDonald)의 연구

1992년의 킹(King)과 맥도날드(McDonald)의 연구에서 남성과 여성 쌍둥이의 일치 비율이 10%에 불과했다.[15]

이제부터 대규모로 설문조사를 해서 얻은 세 개의 연구 결과를 소개하고자 한다.

4) 2000년의 베일리(Bailey)의 연구

2000년에 베일리 등은 국가에 보관된 가족관계 데이터베이스에 있는 쌍둥이 기록을 사용하여 연구를 수행하였다. 예를 들어, 유럽에는 약 60만 명의 쌍둥이 기록이 있으며, 호주에는 약 25,000명의 쌍둥이 기록이 있다.

2000년에 베일리 등이 호주 국가가 보유하고 있는 기록을 토대로 설문조사를 실시하여 쌍둥이의 동성애 일치 비율을 조사하였다.[16] 베일리 등이 자료를 획득한 시기는 1992년이며, 응답 비율은 53.8%이고, 조사에 응한 전체 쌍둥이의 수는 3,782명이다. 〈표 1〉은 일란성 쌍둥이, 같은 성(性)을 가진 이란성 쌍둥이, 다른 성(性)을 가진 이란성 쌍둥이의 동성애 일치 비율을 나타낸다.

표 1. 베일리 등이 얻은 쌍둥이의 동성애 일치 비율(단위: %)

		++	+−	−−	Pr	Pa	P
남성	일란성 쌍둥이	3	24	420	20.0	11.1	5.2
	같은 성(性)을 가진 이란성 쌍둥이	0	16	146	0	0	4.9
	다른 성(性)을 가진 이란성 쌍둥이	2	17	287		10.5	3.4
여성	일란성 쌍둥이	3	19	539	24.0	13.6	2.2
	같은 성(性)을 가진 이란성 쌍둥이	1	17	293	10.5	5.6	3.1
	다른 성(性)을 가진 이란성 쌍둥이	2	9	287		18.2	2.2

〈표 1〉에서 다른 성을 가진 이란성 쌍둥이의 경우에는 동성애를 나타내는 성(性)을 기준하여 남성과 여성을 구별하였고, ++는 쌍둥이 두 명 모두가 동성애자인 짝(pair)의 빈도를, +−는 쌍둥이 중에서 한 명이 동성애자인 짝의 빈도를, −−는 쌍둥이 두 명 모두가 이성애자인 짝의 빈도를 나타낸다. 2000년 베일리 논문에서는 킨제이 척도가 2 이상일 경우에 동성애자로 간주하는 경우와 킨제이 척도가 1 이상일 경우에 동성애자로 간주하는 경우를 모두 고려하였다. 참고로 킨제이 척도 1은 동성애 느낌을 조금 가진 이성애자를, 킨제이 척도 2는 상당한 동성애 느낌을 가진 이성애자를 뜻한다. 킨제이 척도 1은 동성애 느낌을 조금 가지는 경우인데, 느낌이란 주관적인 감정이어서 명료성이 낮고 때로는 자신의 공상일 가능성도 있으므로, 〈표 1〉에서는 킨제이 척도가 2 이상일 때에 동성애자로 간주한 결과만을 소개하였다.

〈표 1〉에서 Pr은 쌍둥이 두 명 모두가 동성애자일 때에 가중치 2를 곱하는 가중 일치도(probandwise concordance)를, Pa는 가중치를 곱하지 않는

일반 일치도(pairwise concordance)를, P는 동성애자가 될 확률을 퍼센트(%)로 나타내었다. 남성 일란성 쌍둥이를 예로 들 때, ++는 3쌍이고, +-는 24쌍이고, --는 260쌍이므로, 동성애 일치 비율과 확률은 다음과 같다.

$$P_r = \frac{3 \times 2}{3 \times 2 + 24} = 0.2 = 20\%$$

$$P_a = \frac{3}{3+24} = 0.111 = 11.1\%$$

$$P = \frac{3 \times 2 + 24}{(3+24+260)} = 0.052 = 5.2\%$$

베일리 등은 같은 성(性)을 가진 쌍둥이에 대해서 가중치를 부여하는 가중 일치도를 사용함으로써, 동성애 일치율이 높다고 판단하게 만든다.[7] 예로서, 남성 일란성 쌍둥이의 '가중 일치도(probandwise concordance)'가 20%이라는 결과를 보고, 실제로는 아홉 쌍 중에서 한 쌍이 일치함에도 불구하고 일반인들은 열 쌍 중에서 두 쌍이 일치하는 것으로 오해하기 쉽다. 이제부터 동성애 일치 비율을 언급할 때에 특별한 언급이 없으면 일반 일치도(Pa)를 의미한다. 그렇지만 논문에서는 '가중 일치도(Pr)'를 사용하므로, 표에서는 두 가지 모두를 나타냈다. 〈표 1〉의 일반 일치도(Pa) 결과를 보면, 일란성 쌍둥이의 동성애 일치 비율은 같은 성(性)을 가진 이란성 쌍둥이의 동성애 일치 비율보다는 높다. 그러나 차이가 아주 많이 나는 것은 아니고, 다른 성(性)을 가진 이란성 쌍둥이의 동성애 일치 비율과는 비슷하다. 여성의 경우, 일란성 쌍둥이보다 다른 성을 가진 이란성 쌍둥이의 동성애 일치 비율이 더 크다. 같은 유전자를 가지는 일란성 쌍둥이의 동성애 일치 비율이 유전자가 다른 이란성 쌍둥이의 동성애 일치 비율과 많이 다르지 않다는 사실로부터 동성애에 미치는 유전적 효과가 그다지 크지 않음을 알 수 있다.

〈표 1〉에서 동성애자가 될 확률(P)은 남성 쌍둥이의 경우에는 대략 3~5%이고, 여성 쌍둥이의 경우에는 대략 2~3%임을 알 수 있다. 호주에서 일반인들의 동성애자 비율이 약 1.8%이므로,[8] 쌍둥이 집단의 동성애자 비율이 약간 높음을 알 수 있다. 쌍둥이들은 약간 특별한 집단이므로 일반적인 집단과는 다른, 즉 동성애에 대하여 약간 과장된 결과를 낳을 수 있다는 점을 유의하여야 한다. 〈표 1〉에서 남성 일란성 쌍둥이의 동성애 일치 비율은 11.1%이고, 여성 일란성 쌍둥이의 동성애 일치 비율은 13.6%에 불과하다. 일란성 쌍둥이의 낮은 동성애 일치 비율은 동성애가 유전자에 의해 결정되지 않음을, 즉 선천적으로 타고난 것이 아님을 분명히 나타낸다.

5) 켄들러(Kendler)의 연구

2000년에 켄들러(Kendler) 등은 광범위하게 미국인을 대상으로 일란성 쌍둥이의 동성애 일치 비율을 조사하였다.[9] 조사를 실시한 시기는 1995~1996년이고 응답비율은 60.0%이다. 조사에 응한 쌍둥이의 수는 1,512명이다. 성적 지향은 면접 시 응답자의 답변에 입각하여 결정하였으며, 대상자를 이성애자와 비이성애자(동성애자와 양성애자를 포함)로 분류하였다. 켄들러 등의 연구 결과에서 비이성애자는 양성애자와 동성애자를 합친 것을 나타내므로, 엄밀하게 말하면 쌍둥이의 비이성애 일치 비율이라고 볼 수 있다. 〈표 2〉는 켄들러 등이 얻은 쌍둥이의 비이성애 일치 비율을 보여주며, 〈표 2〉의 기호는 〈표 1〉과 같은 의미를 나타낸다. 켄들러 등은 남성과 여성을 나누어 조사하지 않았으며, 남성과 여성을 합한 결과만을 적었다. 실제 논문에는 '가중 일치도(probandwise concordance, Pr)'만 적혀 있어서, 그 자료로부터 유추하여 '일반 일치도(pairwise concordance, Pa)'를 계산하였다.

표 2. 켄들러 등이 얻은 쌍둥이의 비이성애 일치 비율(단위: %)

	++	+−	−−	Pr	Pa	P
일란성 쌍둥이	3	13	308	31.6	18.8	2.0
같은 성(性)을 가진 이란성 쌍둥이	1	13	226	13.3	7.1	3.1
다른 성(性)을 가진 이란성 쌍둥이	0	7	183	0	0	2.3

〈표 1〉과 〈표 2〉에 있는 일란성 쌍둥이의 일반 일치도(Pa)를 비교하면, 〈표 1〉에 있는 수치보다는 〈표 2〉에 있는 수치가 조금 더 크다는 것을 알 수 있다.

그러나 〈표 2〉에 있는 수치는 양성애자까지 합한 것이므로, 동성애자만 고려한다면 어느 쪽이 더 큰지는 알 수 없다. 또한 〈표 1〉은 호주에서의 결과이며, 〈표 2〉는 미국에서의 결과이므로 약간 서로 다를 수 있다. 〈표 2〉에서 동성애와 양성애를 합친 비이성애 일치 비율(Pa)이 일란성 쌍둥이의 경우에 18.8% 밖에 되지 않으므로, 〈표 1〉에서 언급한 것처럼 동성애가 선천적으로 결정되는 것이 아님을 잘 나타낸다.

6) 랑스트롬(Langstrom)의 연구

2010년에 랑스트롬(Langstrom) 등이 스웨덴 국민을 대상으로 조사한 것이다.[110] 조사를 실시한 시기는 2005~2006년이며, 설문조사의 응답 비율은

59.6%이고, 조사에 응한 쌍둥이의 수는 7,652명이다. 따라서 랑스트롬 등의 결과가 가장 최근에 조사한 것이며 조사 대상자도 가장 많다. 조사에서 성적 지향을 직접 물어보는 대신에, 간접적으로 성적으로 함께 했던 파트너의 총 수에 대해 물어 보았다. 성적으로 함께 한다는 의미도 성관계보다는 좀 더 포괄적인 의미를 사용하였다. 조사결과를 분석할 때에 두 가지 경우를 살펴 보았다. 일생 동안 한 명 이상 동성 파트너를 가지는 경우와 일생 동안의 동성 파트너의 전체 수를 일곱 개의 범주로 나눈 경우를 조사하였다. 여기서는 일생 동안 한 명 이상의 동성 파트너를 가진 경우만 고려하겠다. 랑스트롬 등은 일란성 쌍둥이와 같은 성(性)을 가진 이란성 쌍둥이만 고려하고, 다른 성(性)을 가진 이란성 쌍둥이는 고려하지 않았다. 〈표 3〉은 랑스트롬 등이 얻은 쌍둥이의 동성애 일치 비율을 보여주며, 〈표 3〉의 기호는 〈표 1〉과 같은 의미를 가진다. 여기서 동성애 일치 비율이란 위에서 설명한 대로 일생동안 한 명 이상의 동성 파트너를 가진 것에 대한 일치 비율을 뜻한다.

표 3. 랑스트롬 등이 얻은 쌍둥이의 동성애 일치 비율.

		++	+-	--	P_r	P_a	P
남성	일란성 쌍둥이	7	64	736	17.9	9.9	4.8
	같은 성(性)을 가진 이란성 쌍둥이	3	50	464	10.7	5.7	5.4
여성	일란성 쌍둥이	26	188	1299	21.7	12.7	7.9
	같은 성(性)을 가진 이란성 쌍둥이	13	127	849	17.0	9.3	7.7

〈표 3〉에서 동성애자가 될 확률(P)이 대략 5~8%임을 알 수 있다. 〈표 1〉에서 동성애자가 될 확률(P)이 2~5%이고, 〈표 2〉에서 동성애자가 될 확률

이 2~3%인 것에 비하면 높은 수치이다. 〈표 3〉에서 동성애자가 될 확률(P)이 〈표 1〉과 〈표 2〉에 비하여 높은 값을 가지는 이유를 설명하겠다. 〈표 3〉에서 평생 한 명 이상의 동성 파트너를 가지는 것을 동성애자 판단 기준으로 삼았으며, 동성 파트너의 의미도 동성 간의 성관계보다는 성적으로 함께 한다는 포괄적인 용어를 사용함으로써, 다른 연구보다 동성애자 판단 기준이 많이 완화되었기 때문이라고 본다. 이렇게 동성애자 기준을 많이 완화하고 이루어진 설문조사에서도 일란성 쌍둥이의 동성애 일치 비율(Pa)이 남성은 9.9%이고, 여성은 12.1%에 불과하다. 〈표 1〉, 〈표 2〉과 비교해 보면, 〈표 3〉에서의 일란성 쌍둥이의 동성애 일치 비율(Pa)이 가장 완화된 동성애자 기준을 가졌음에도 불구하고 가장 작다. 〈표 1〉, 〈표 2〉, 〈표 3〉의 설문조사가 이루어진 국가가 모두 다르므로 수치를 비교하여 결론을 도출하는 데 어려움은 있지만, 조사대상자가 많아질수록 일란성 쌍둥이의 동성애 일치 비율이 작아지는 경향을 가진다.

7) 요약

쌍둥이 중 하나에 특정 행동유형이 있을 때 다른 쌍둥이에게 그 특정 행동유형이 있는 비율이 높으면, 그 행동유형은 유전일 가능성이 높다. 같은 의미에서 가계연구에서 형제나 가족 중에 특정 행동유형이 많이 발견되면, 그 역시 유전일 가능성이 높다.

1952년에 칼만이 교도소와 정신병원 수감자를 대상으로 한 조사에서 일란성 쌍둥이의 동성애 일치 비율은 100%이었고 이란성 쌍둥이의 동성애 일치 비율은 대략 15%이었다.[1] 1991년과 1993년에 발표한 베일리 등의 결과에서, 남성의 경우에 일란성 쌍둥이의 동성애 일치 비율은 52%, 이란성 쌍둥이는 22%, 여성의 경우에 일란성 쌍둥이는 48%, 이란성 쌍둥이는 16%

이었다.[2,3] 위의 결과는 유전자가 같은 일란성 쌍둥이의 동성애 일치 비율이 유전자가 다른 이란성 쌍둥이와 형제들의 동성애 일치 비율에 비해 월등히 높기에, 동성애는 유전적인 요인에 의해 형성됨을 강력하게 뒷받침한다.

이 결과는 대중매체를 통해 광범위하게 소개되었으며, 일반인들에게 동성애가 유전에 의해 결정되는 것으로 믿게 만들었다.

그런데 이 결과는 동성애를 옹호하는 언론 매체를 통하여 조사 대상을 모집하였으므로, 동성애자인 쌍둥이들이 의도적으로 많이 응모하여 일란성 쌍둥이의 동성애 일치 비율을 증가하도록 만들었다고 비판된다.

2000년 이후에 대규모로 일란성 쌍둥이의 동성애 일치 비율이 세 번 조사되었다.

2000년에 베일리 등이 호주의 3,782명을 대상으로 조사한 결과, 일란성 쌍둥이의 동성애 일치 비율이 남성은 11.1%이고 여성은 13.6%이었으며,[6] 2000년에 켄들러 등이 미국의 1,512명을 대상으로 조사한 결과는 18.8%이었다.[9]

2010년에 랑스트롬 등이 스웨덴의 7,652명을 대상으로 조사한 결과, 일란성 쌍둥이의 동성애 일치 비율이 남성은 9.9%이고, 여성은 12.1%이었다.[10]

따라서 대규모로 이루어진 세 번의 조사를 종합하여 볼 때에, 일란성 쌍둥이의 동성애 일치 비율은 대략 10% 내외라고 볼 수 있으며, 2000년 이전에 이루어졌던 소규모 설문조사 결과들이 얼마나 과장되고 왜곡되었는지를 알 수 있다.

〈표 4〉에 세 개의 설문조사 결과를 비교하여 제시하였다.

표 4. 대규모로 수행된 설문조사 요약.

	켄들러 등	베일리 등	랑스트롬 등
발표년도	2000년	2000년	2010년
조사 대상 국가	미국	호주	스웨덴
동성애자 기준	성적 지향 면접에서 비이성애	킨제이 스케일이 2 이상	일생 동안 한 명 이상의 동성 파트너
조사년도	1995~1996년	1992년	2005~2006년
조사대상자 수	1,512명	3,782명	7,652명
응답 비율	60.0%	53.8%	59.6%
동성애자 비율(P)	2~3%	2~5%	5~8%
일란성쌍둥이의 동성애 일치 비율(P_a)	18.8%	남성 11.1% 여성 13.6%	남성 9.9% 여성 12.1%

통계학적으로 조사 대상자가 많을수록 확보한 자료의 신뢰도가 증가한다. 따라서 대규모로 이루어진 세 번의 조사를 종합하여 볼 때, 일란성 쌍둥이의 동성애 일치 비율은 대략 10% 내외라고 보는 것이 타당하다.

그런데 위에서 언급한 10% 정도의 일란성 쌍둥이의 동성애 일치 비율이 전부 선천적인 요인에 의한 영향이라고 말할 수 없다. 왜냐하면, 쌍둥이는 동일한 유전자를 가지고, 출생하기 전에 어머니의 자궁 내에서 선천적인 요인들로부터 동일한 영향을 받았을 뿐만 아니라, 같은 부모와 동일한 환경에서 성장하기 때문에 동일한 후천적 영향을 받았다고 할 수 있다. 또한 다른 사람들보다는 서로에게 긴밀한 영향을 줄 수 있다. 한 사람이 먼저 동성애자가 되면, 직간접적으로 영향을 주거나 흉내를 내어서 다른 쌍둥이도 동성애자가 되기 쉽다.

동일한 유전자를 가지고 우리가 이제까지 고려하였던 선천적 및 후천적인 영향과 우리가 알지 못하여 고려하지 못한 선천적 및 후천적인 영향들까지 모두 합치더라도 일란성 쌍둥이의 일치 비율이 10% 정도밖에 되지 않는다는 결과는, 선천적인 요인이 동성애자가 되도록 미친 영향이 10%도 되지 않음을 잘 나타낸다. **즉, 일란성 쌍둥이의 낮은 동성애 일치 비율은 유전에 의해 동성애가 결정되지 않음을 분명히 나타낸다.**

결론적으로, 쌍둥이의 동성애 일치 비율로부터 유전적, 선천적, 후천적 요인들이 동성애를 형성하는 데 영향을 줄 수는 있지만, 어쩔 수 없이 동성애자가 되도록 만드는 강제성을 갖지 않는다는 것을 알 수 있다. 또한 대규모 이루어진 설문조사에서의 쌍둥이의 낮은 일치 비율로부터 2000년 이전에 이루어졌던 소규모 설문조사의 결과들이 얼마나 과장되고 왜곡되었는지를 분명히 알 수 있다.

국내 문헌을 보면, 베일리 등의 조사 결과(1991년)를 동성애가 유전이며, 선천적인 것이라는 증거로서 많이 인용하고 있다.[11] 아쉽게도, 1991년 베일리의 연구가 과장되었음을 나타내는 2000년 이후 세 번에 걸쳐 수행된 대규모 설문조사 결과는 거의 언급되지 않고 있다. 설사 베일리 등(2000년)의 조사결과를 언급하더라도 자세한 설명 없이 킨제이 척도 1 이상을 동성애자로 간주할 경우에 남성 일란성 쌍둥이의 '가중 일치도(probandwise concordance)'인 37.5%만을 소개함으로써,[4] 일반인이 남성 일란성 쌍둥이의 동성

---

4) 동성애 느낌이 조금 있는 킨제이 척도가 1 이상이면 동성애자로 간주하는 경우에, 일치하는 쌍둥이에 가중치를 주지 않는 일반 일치도는 23%로 여전히 큰 값은 아니다.

애 일치 비율이 꽤 높다고 인식하도록 만든다.[112] 이러한 편향된 온라인 정보는 한국인들이 일란성 쌍둥이의 동성애 일치 비율에 대해 오해하도록 만들며, 왜곡된 과학적 자료에 의해 서구의 많은 사람들이 동성애를 선천적인 것이라고 인식하게 되었던 전철을 밟도록 할까 봐 매우 우려된다.

4. 동성애 유전자는 존재하는가?

동성애 유전자의 존재 자체에 대한 연구 결과를 살펴보고자 한다.

1) 해머(Hamer)의 연구

1993년에 동성애 유전자의 존재에 관련된 논문이 해머(Hamer) 등에 의해 학술지 '사이언스(Science, 이하 사이언스)'에 발표되었다[11](참고로 해머는 동성애자이므로, 동성애를 옹호하는 결론이 나오도록 의도했을 수도 있다). 해머는 114명의 남성 동성애자의 가계(family)를 조사하였는데, 모계 쪽으로 상당수의 남성 동성애자인 조카 또는 삼촌이 존재함을 알았다. 그래서 동성애 유전자가 모계 쪽으로 유전되는 X 염색체 위에 있을 것으로 추측하고, 두 명의 남성 동성애자 형제가 있는 40 가계의 X 염색체를 조사하였으며, X 염색체 위에 있는 Xq28과 남성 동성애 사이에 높은 상관관계가 있다고 발표하였다. 그는 동성애가 유전자에 의해 영향을 받았을 가능성이 99% 이상이라고 주장하였다.

서구 언론은 이 결과를 보도하면서 동성애를 유발하는 유전자를 발견하였다고 대서특필하였다. 동성애자인 해머의 연구 결과는 일반인들의 마음에 동성애는 유전되는 것이라는 인식을 심어 놓았다.

1995년에 해머 등은 새로운 집단에 대하여 Xq28과 동성애 사이의 상관관계를 조사한 결과, 1993년과 같은 뚜렷한 결과를 얻지 못하였지만 여전히 남성 동성애와 상관관계가 있다고 발표하였다.[2] 그렇지만 1995년 조사에서 Xq28과 여성 동성애 사이의 상관관계를 발견하지 못하였다. 참고로 1995년 사이언스는 "해머와 공동으로 연구를 수행한 젊은 공동연구원이 논문의 자료를 선별적으로 선택했다는 의혹을 제기하여 미국 연구윤리국에서는 해머가 정말 그랬는지 조사 중이다."라는 기사를 실었다.[3]

2) 라이스(Rice)의 연구

1999년에 라이스(Rice) 등은 Xq28에 존재하는 네 개의 표지 유전자(genetic marker)인 DXS1113, BGN, Factor 8, DXS1108을 조사하였다(참고로, 표지 유전자는 특정 유전자가 존재하는지를 쉽게 확인할 수 있도록 해주는 유전자이다).

네 개의 표지 유전자에 대해 52쌍의 동성애자인 형제 사이의 유전자 공유(Allele sharing) 결과와 동성애자가 아닌 33쌍의 일반 형제 사이의 유전자 공유 결과를 비교해 보고, Xq28이 남성 동성애와 관련이 없다는 결론을 사이언스에 발표하였다.[4]

3) 무스탄스키(Mustanski)의 연구(해머 포함)

2005년에 해머를 포함한 무스탄스키(Mustanski) 등은 두 명 이상의 남성 동성애자 형제를 가진 146 가계에 속한 456명을 대상으로 전체 게놈(genome)에서 일정한 간격(10-cM)으로 선택된 403개 표지 유전자의 mlod 값을 조사하였다.[5] 로드(lod) 값은 가계 조사에서 유전자의 연관성을 통계적으로 나타내는 수치인데, 자세한 의미는 뒤의 보충자료를 참고하길 바란다.[6]

〈그림 1〉은 전체 게놈에 대한 스캔의 결과이며, x축은 염색체 위치(cM)를 나타내고, y축은 mlod 값을 나타낸다. 〈그림 1〉에서 보는 바와 같이 높은 mlod 값은 7번 염색체(7q36)의 D7S789 근처에서 3.45이며, 8번 염색체(8p12)의 D8S505에서 1.96이며, 10번 염색체(10q26)의 D10S217에서 1.81이었다. 그렇지만 1993년에 해머가 발견했던 X 염색체 위의 Xq28에서는 1 이하의 값을 나타냈다. 참고로 mlod 값이 3 이상이 될 때에 서로 유전적으로 연관이 있다고 본다.

즉, 2005년에 전체 게놈을 조사한 결과는 1993년과 1995년의 결과와 달리 Xq28이 동성애와 상관관계가 없었다. 대신에 7번, 8번, 10번 염색체에 동성애 관련 유전자가 있을 것으로 추정하였다.

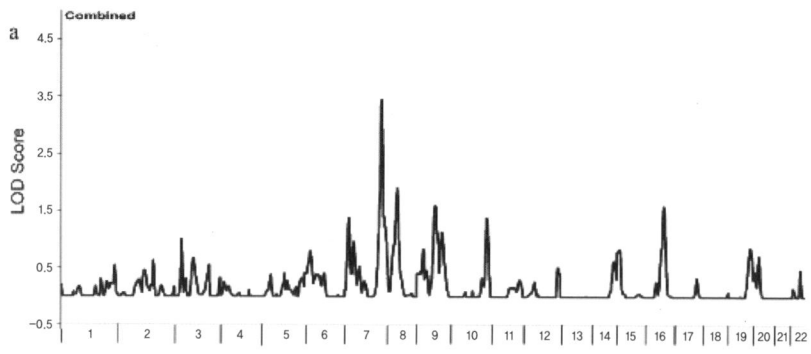

그림 1. 전체 게놈에 대한 LOD 값(무스탄스키 등, 2005)

ⓒ Springer and Human Genetics, 116, 2005, 274, A genomewide scan of male sexual orientation, Mustanski et al., figure 1, With kind permission from Springer Science and Business Media.

무스탄스키 등은 1993년과는 달리 Xq28이 동성애와 관계없다는 결과가 나온 이유를 2005년 논문에서 자세히 분석하였다. 〈그림 2〉는 여러 경우에 대한 X 염색체의 mlod 값을 나타낸다. 점선은 예전(1993년과 1995년)의 조사 대상에 대해 예전 논문에 선택한 표지 유전자에 대한 결과를 나타내며, 실선은 예전의 조사 대상에 대해 2005년에 선택한 표지 유전자에 대한 결과를 나타낸다. 대시는 전체 조사 대상에 대해 2005년에 선택한 표지 유전자에 대한 결과를 나타낸다. 참고로 전체 조사 대상이란 예전(1993년과 1995년)의 조사 대상에다가 새로 선택된 73 가계를 합친 것이다.

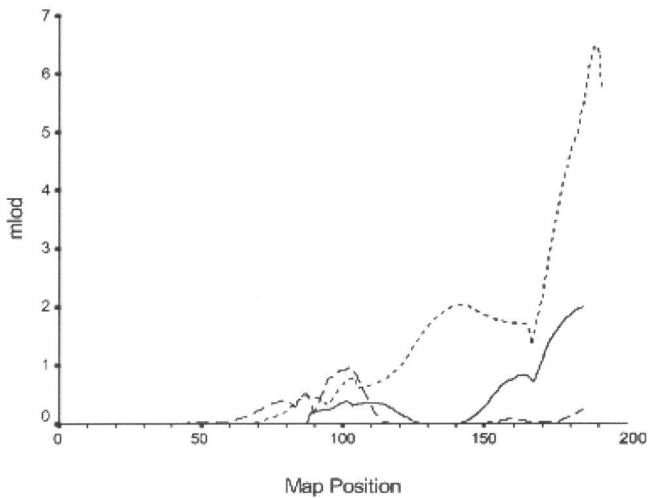

그림 2. X 염색체의 mlod 값(무스탄스키 등, 2005)

ⓒ Springer and Human Genetics, 116, 2005, 275, A genomewide scan of male sexual orientation, Mustanski et al., figure 2, With kind permission from Springer Science and Business Media.

〈그림 2〉에서 점선은 최대 mlod 값이 6.47을 가지지만, 실선은 최대 mlod 값이 1.99로 줄어들며, 대시는 최대 mlod 값이 1 이하로 떨어진다. 〈그림 2〉의 결과와 함께 다른 근거들을 사용하여 Xq28에 대한 예전(1993

년과 1995년) 결과와 2005년 결과가 상반된 이유를 2005년 논문에서 제시하였다. 첫째, 예전 결과에서 표지 유전자 사이의 간격이 1.12cM이지만 2005년 결과에서 표지 유전자 사이의 간격이 6.97cM이기 때문에, 예전 결과에서 표지 유전자 간격이 좁음으로 인하여 mlod 값이 증가되었을 수 있다고 보았다. 즉, 표지 유전자들이 촘촘하게 존재함으로써 표시 유전자 사이의 상관관계가 증가한 것으로 나타날 수 있다고 보았다. 둘째, 예전에 선택한 표지 유전자들이 더 텔로머(telomer)에 가까운 것이었을 수 있다고 설명을 하였다. 참고로 Xq28은 X 염색체의 말단에 위치하므로 텔로머에 가깝다.

이처럼 2005년 논문에서 예전 결과와는 달리 Xq28에서 동성애와 연관성이 나타내는 증거를 발견하지 못한 이유를 어느 정도 자세히 분석하고 기술하였다.

4) 라마고파란(Ramagopalan)의 연구(라이스 포함)

2010년에 라이스를 포함한 라마고파란(Ramagopalan) 등이 캐나다에서 두 명 이상의 남성 동성애자가 있는 55 가계의 112명 동성애자들을 대상으로 전체 게놈의 lod 값을 조사하였다.[17] 〈그림 3〉은 전체 게놈에 골고루 분포되어 있는 약 6000개의 SNP(single-nucleotide polymorphism)을 스캔한 결과이며, x축은 염색체 위치를 나타내고, y축은 mlod 값을 나타낸다. 2005년 논문에서 높은 mlod 값을 가진다고 주장되었던 7번 염색체(7q32)는 작은 값을 나타냈으며, 마찬가지로 8번과 10번 염색체도 작은 값을 나타내었다. 반면에 14번 염색체의 lod 값은 2.86으로 가장 높았다.

따라서 2005년의 논문에서 동성애와 상관관계가 있을 것으로 추정되었던 부분들이 동성애와 상관관계가 없는 것으로 밝혀졌다.

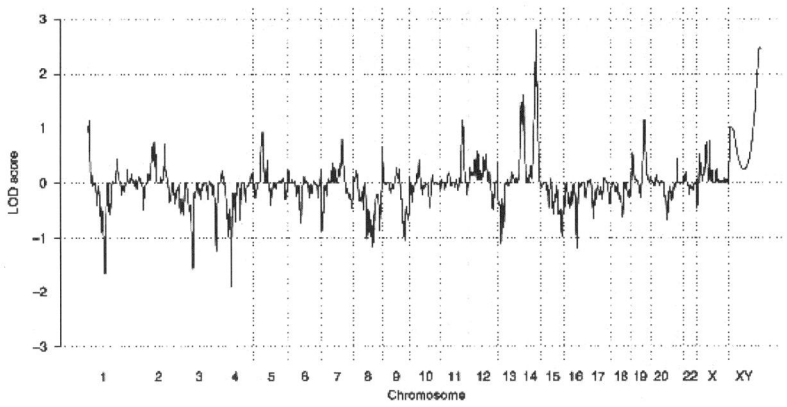

그림 3. 전체 게놈에 대한 LOD 값(라마고파란 등, 2010)

ⓒ Reprinted by permission from Macmillan Publishers Ltd: Journal of Human Genetics 55. 131. (Ramagopalan et al., "A genome-wide scan of male sexual orientation."), copyright (2010).

5) 베일리(Bailey)의 연구

2014년 2월에 미국과학진흥총회에서 개최한 연례총회에서 미국 베일리(Bailey)[5] 등은 남성 동성애자 409명의 DNA를 분석한 결과, 두 개 이상의 유전자가 동성애에 영향을 미칠 수 있을 것이라고 주장했다.[8] 그 중의 하나는 Xq28이며, 다른 하나는 8번 염색체에 있다고 하였다. 아직 구체적 내용이 학술지에 발표되지 않아 정확한 내용은 알 수 없지만, 이 발표 내용에 대해 의문을 제기할 수밖에 없다. 첫째로 동성애와 연관이 있을 것으로 지목한 Xq28은 이미 1999년과 2005년에 동성애와 연관성이 없는 것으로 자세하게 확인되었다. 둘째로 동성애와 연관이 있을 것으로 지목한 8번 염색체도 2010년에 연관이 없는 것으로 발표되었다. 이처럼 1999년, 2005년, 2010년

---

5) 베일리는 1990년대에 쌍둥이 연구를 해서 과장된 동성애 일치비율을 발표한 사람과 동일인이다.

에 연관이 없다고 밝혀진 부분들에 대해 다시 동성애와 연관이 있다고 주장하니까, 새로운 주장을 확실하게 검증할 필요가 있다.

6) 요약

이제까지 진행되었던 동성애와 관련된 유전자 연구의 역사를 살펴보면, 동성애와 관련이 있다고 주장하는 논문이 발표된 후 약 5년이 지나서 관련이 없는 것으로 밝혀지곤 하였다.

1993년에 해머 등이 Xq28이 동성애와 관련이 있을 것으로 추정하였고 서구 언론은 동성애 유전자를 발견하였다고 대서특필하였으며, 한국 인터넷에서도 인용되고 있지만,[9] 1999년에 라이스 등이 Xq28 내의 표지 유전자들을 조사하여 동성애와 관련이 없다는 결과를 발표하였다.

2005년에 해머를 포함한 무스탄스키 등이 많은 사람을 대상으로 조사하여 Xq28이 동성애와 연관성이 없다는 결과를 발표하면서, 예전과는(1993년, 1995년) 달리 Xq28이 동성애와 관련이 없다는 결과가 나오게 된 이유를 자세히 분석하였다. 2010년에는 라마고파란 등이 전체 게놈을 조사하여 동성애 관련 유전자를 발견하지 못하였다. 따라서 동성애를 유발하는 유전자가 있을 것으로 추정되는 모든 부분에 대한 연구 결과들이 부정되었다.

그러나 이런 부정적 연구들은 한국 인터넷에 거의 소개되지 않음으로써 일반인들에게 왜곡된 정보를 주고 있다.

결론적으로 요약하면, 동성애와 관련이 있을 것으로 추정되는 유전자를 발견하였다는 연구결과가 발표되고, 몇 년이 흐른 후에는 그 결과가 잘못되었음이 밝혀지는 과정이 그간 계속해서 반복되었다. 즉 동성애를 유발하는 유전자는 발견되지 않았으며, 이제까지 발표된 논문들의 결과로써 추론하면 앞으로도 발견될 가능성은 거의 없다.

⟪보충자료⟫

■ **유전자 연관(genetic linkage)**

'유전자 연관'이란 동일한 염색체에 존재하는 두 개의 유전자가 감수분열을 통하여 같이 유전되는 경향을 의미한다. 두 유전자가 서로 더 가까운 경우에는 염색체 재조합이 일어날 때 다른 염색분체로 분리될 확률이 낮아진다. 이러한 경우에 유전적으로 연관이 되었다고 한다.

■ **유전자공유 분석방법(allele-sharing methods)**

유전자공유 분석방법은 특정한 유전자 좌위에 대한 가계도를 조사하여 순전히 독립분배에 의하여만 일어난 것에 비해 얼마나 더 연관이 일어나는지를 조사하는 비모수적 통계방법이다.

■ **로드 지수(lod score)**

할데인(Holdane)과 스미스(Smith)에 의하여 1955년에 고안되었으며, 1974년에 모톤(Moton)에 의하여 재정비된 방법이며, 'logarithm of odds favoring linkage'의 약자이다. 특정한 가계도에서 두 개의 유전자 좌위 사이의 연관관계를 로그 대수로 나타낸 것이다. 로드 지수 방법은 유전학에서 연관(linkage)을 통계학적으로 분석하는 데 사용된다. 계산방법은, 먼저 하나의 가계도에서 두 개의 유전자 좌위 사이에 특정한 유전자 재조합 수치를 나타내는 확률(Pr)을 구한다. 그리고 두 개의 유전자 좌위가 독립적으로 분배된다는 가정 하에 가능성(Pi, likelihood)을 계산한다. 그러면 로드 지수는 $Z=\log 10(Pr/Pi)$로 결정된다. 로그대수를 사용하는 이유는 새로운 가계도의 자료를 확보하면 이들을 이전의 로드 지수 수치에 더하기 위함이다. 3 이상의 로드 지수는 두 유전자 좌위 사이에 연관이 있음을 나타내는 증거가 될 수 있다. 최근 컴퓨터 프로그램을 사용하므로 직접 계산할 필요가 없으며, 이러한 프로그램은 복잡한 가계도에서 연관관계를 분석하는 데 사용된다.

5. 동성애에 미치는 유전적 영향의 상대적 비율

논문을 읽다보면 동성애에 미치는 유전적 영향이 몇 십 퍼센트라는 연구 결과들을 자주 보게 된다. 이러한 연구 결과들을 볼 때에 "동성애에 대한 유전적인 영향이 제법 있어서 무시할 수 없겠구나." 라는 생각이 든다. 그래서 그러한 결과들의 의미를 살펴보고자 한다.

학자들은 일란성 쌍둥이와 이란성 쌍둥이를 비교하여 얻은 조사 결과를 바탕으로 유전적인 요인, 공유된 환경적인 요인, 공유되지 않은 환경적인 요인이 동성애에 미치는 영향을 상대적인 비율로 나타낸다.

아래에서 자세하게 논의하기 전에, 위의 결과는 동성애 형성에 영향을 미치는 여러 요인들 상호간의 '상대적인 비율'임을 먼저 강조한다. 즉, 동성애 형성 과정에 영향을 주는 개개인의 의지적인 선택은 계산에 포함되지 않았으며, 의지적 선택 외에 영향을 준 요인들만 고려하여 상대적인 비율을 계산한 것이다. 물론 동성애 형성 과정에 개인의 의지적인 선택이 얼마나 영향을 미치는지를 현대과학으로는 알 수가 없다. 현대과학으로는 의지적인 선택이 동성애 형성에 얼마나 영향을 미쳤는지 알 수 없기 때문에 상대적인 비율을 계산할 때에 포함시킬 수 없지만, 아래에서 설명하는 상대적인 비율에는 본인의 의지적인 선택을 제외한 요인들만 고려한 결과임을 감안하고 이해해야 한다.

1) 유전적인 영향보다 환경적인 영향

와이트헤드 박사가 1991년부터 2010년 사이에 수행한 일곱 번의 연구 결과들을 평균하여 얻은 값에 따르면,[1-7] 남성의 경우, 유전적인 영향이 22%이고, 공유되지 않은 환경적인 영향이 64%였다. 여성의 경우, 유전적인 영향이 37%이고, 공유되지 않은 환경적인 영향이 62%였다.[8] 위의 결과에는 큰 표준편차가 있는데 별도로 표시하지는 않았다. 와이트헤드 박사가 평균하여 얻은 값에 따르면, 유전적인 영향보다는 공유되지 않은 환경적인 영향이 더 크다는 것을 알 수 있다.

강조하여 언급하고 싶은 것은, 유전적인 영향이 22~37%라고 했을 때, 동성애가 22~37% 정도 유전된다는 뜻은 아니다. 이것은 여러 요인들의 영향을 분석하였을 때 유전적인 요인들의 영향이 차지하는 상대적인 비율이 그 정도라는 뜻이다. 조사에 의하면, 동성애자 아버지의 아들 중에서 약 8%만 동성애자가 된다.[9] 더군다나 동성애자 아버지의 아들이 동성애자가 된다고 해서 모두 유전적인 영향에 의한 것이라고 볼 수 없으며, 오히려 동성애자 아버지의 삶이 아들에게 영향을 미쳐서 동성애자가 되었을 가능성이 높다.

2) 과장된 유전적인 영향

앞에서 기술한 동성애 형성에 미친 유전적인 영향의 비율은 아래에 제시하는 몇 가지 이유로 과장되었을 수 있다.

첫째, 지원자 오류(volunteer error)의 가능성이다. 국가가 보관하는 쌍둥이 기록을 사용하더라도 당사자가 거부하면 사용할 수 없다. 동성애자가 아닌 보수적인 쌍둥이가 덜 보수적인 동성애자 쌍둥이보다 거부할 가능성이 높으므로, 쌍둥이의 동성애 일치 비율이 증가할 수 있다.

둘째, 부모가 쌍둥이를 다르게 대할 수 있다. 이란성 쌍둥이의 어머니는 두 자녀를 다르게 대하지만, 일란성 쌍둥이의 어머니는 두 자녀를 똑같이 대한다는 연구 결과가 있다.[10,11] 따라서 이란성 쌍둥이와 일란성 쌍둥이의 차이가 온전히 유전적인 영향에 의해서가 아니라, 부모의 양육 태도의 차이에 의한 것일 수 있다. 즉, 일란성 쌍둥이와 이란성 쌍둥이 사이의 차이를 전부 유전적인 영향이라고 해석하면 유전적인 영향의 비율이 과장될 수 있다.

셋째, 유전적인 요인과 환경적인 요인이 서로 영향을 끼친다. 아이가 성장하는 과정에서 두 요인이 분리되어 영향을 주는 것이 아니라 서로 혼합되어 효과를 증폭시키기도 한다. 즉, 유전적인 요인이 환경에 의해 증폭됨으로써 유전적인 영향이 증대되어 나타나는 결과를 낳을 수 있다.

넷째, 쌍둥이는 서로에게 영향을 주고받는다. 쌍둥이는 강한 유대감을 가지므로 흉내를 낼 수도 있고, 동성애에 대한 이야기를 나눌 수도 있고, 더 나아가서 성관계를 할 수도 있다.

다섯째, 쌍둥이에 대한 연구를 일반화시키는 것은 재고의 여지가 많다. 왜냐하면 쌍둥이들은 약간 특별한 집단이므로 일반적인 집단과는 다른 결과를 낳기 때문이다. 예를 들면, 어린 남성 쌍둥이는 자주 요정이라고 놀림을 받음으로써, 어릴 때 성정체성을 가지지 못해 자라면서 동성애자가 될 가능성이 높다. 호주에서 일반인들이 동성애자가 될 확률은 1.8%인데, 쌍둥이 집단의 동성애자 비율은 3.1%로 약간 높다.[112]

위에서 언급한 이유 때문에 유전적인 영향이 과장될 수 있으므로 와이트헤드 박사는 유전적인 영향이 차지하는 비율이 22~37%가 아니라 대략 10% 정도일 것으로 추론하였다.[113]

3) 환경적인 영향과 유전적인 영향의 상대적 비율 변화

인간의 행동 양식에 미치는 환경적인 영향의 비중이 변하면, 유전적인 영향의 상대적인 비율도 바뀌게 된다.

예를 들면, 미국에서 흡연에 대한 유전적인 영향을 조사했더니 1920년대, 1930년대, 1950년대에는 유전적인 영향의 비율이 매우 큰 값을 가졌다. 그런데, 2차 세계대전 중인 1940년대에는 담배가 부족하여 유전적인 영향이 감소했고, 1960년대에는 암의 발견으로 유전적인 영향이 감소했고, 1970년대 이후에는 공공장소에서 흡연을 금지함으로써 유전적인 영향이 더 감소하게 되었다.[14] 환경적인 요인에 의한 영향이 커질수록 상대적으로 유전적인 영향이 감소한 것이다.

다른 흥미가 있는 결과는 나이가 들수록 정신적인 활동에 대한 유전적인 영향이 증가한다는 것이다.[15-18] 그 이유는 어릴 때는 규율, 습관 형성 등의 외부적인 영향이 강하고, 성인이 될수록 개인적인 판단과 자율이 더 허용되기 때문이다. 또 다른 연구에서는 학교에 다니는 어린이에 대해 엄격한 가정에서는 유전적인 영향이 작으며, 덜 엄격한 가정에서는 유전적인 영향이 큰 것으로 밝혀졌다.[19-21] 가정이 엄격할수록 환경적인 영향이 커지므로 상대적으로 유전적인 것이 덜 영향을 미친 것으로 짐작된다.

어떤 특성에 대한 유전적인 기여도는 나라와 시대마다 다르다. 예를 들면, 식량이 풍부한 서구사회에서는 신장에 대한 유전적인 기여도가 높고, 반대로 가난하며 가족적인 영향이 큰 이집트에서는 성장이 영양 공급에 의해 좌우되므로 유전적인 기여도가 낮다.[22] 식량 부족을 겪고 있는 제3세계에서는 제한된 식량을 가족들에게 어떻게 분배하느냐에 따라서 신장이 좌우된다. 위에서 나열한 여러 사례들은 유전적인 요인에 의한 영향의 '상대적인 비율'의 의미를 잘 나타내고 있다. 환경적인 요인에 의한 영향이 커지고 작아짐에 따라, 유전적인 요인에 의한 영향의 상대적인 비율은 반대로 변화하였다.

6. 기타 일반적인 유전학에 기초한 추론

1) 다유전자적(multigenetic) 유전

단순한 생명체의 행동양식은 한두 개의 유전자에 의해서 결정되기도 한다. 이러한 경우에는 해당 유전자를 의도적으로 제거하면, 그 행동양식이 한두 세대 안에 바뀌는 것을 볼 수 있다. 예를 들면, 모래벼룩(sandhopper)이 음식을 선택하는 행동은 복합당을 단순당으로 바꾸는 효소를 만드는 유전자에 의해 좌우된다. 즉, 모래벼룩이 가진 유전자가 어떤 종류의 복잡한 당을 바꾸는 효소를 만들어 내느냐에 따라 좋아하는 음식이 달라진다. 만약 그 유전자에 문제가 생기면 더 이상 부모가 좋아하던 음식에 대해 흥미를 느끼지 않는다.[1]

생명체에 대해 선택적으로 교배를 하여 한두 세대 이내에 행동양식이 바뀌면, 그 행동양식은 소수의 유전자에 의해 결정된다고 볼 수 있다. 이 경우에는 그 유전자를 복원시키면 그 행동양식이 다시 나타나며, 그 반대도 성립한다.

일반적으로는 생명체의 행동양식을 결정하는 데에는 수많은 유전자가 관여하게 된다.

어떤 행동양식이 여러 세대에 걸쳐 아주 천천히 바뀐다면 그 행동양식에 많은 유전자들이 관계한다고 볼 수 있다.

한 예로, 공간과 빛에 대해 소극적인 또는 적극적인 두 종류의 마우스(mouse)를 선택적으로 교배한 결과, 30세대에 걸쳐 빛에 대한 반응이 천천히 바뀌는 것을 볼 수 있었다.[2]

다른 예로, 높이 나는, 또는 낮게 나는 두 종류의 초파리를 40년 동안 선택적으로 교배시켰다. 이 실험은 약 1000세대 동안 진행되었으며, 5000개의 유전자들을 살펴 본 결과, 250개의 유전자가 나는 습성과 관계된다는 것을 알게 되었다. 그리고 250개 유전자 중에서 네 개의 유전자를 바꾸더라도 나는 습성에 미치는 영향은 적은 것으로 밝혀졌다.[18]

인간의 동성애가 유전자에 의해 나타난 현상이라면, 일반적인 관점에서 추론해 볼 때 한 두 개의 유전자가 아니고 수많은 유전자가 관련되었을 것으로 추측된다.

그렇다면 초파리와 마우스의 실험에서처럼 동성애의 행동양식은 아주 천천히 여러 세대에 걸쳐서 변화되어야 한다. 즉, 일반적인 이성애자의 가계에서 동성애자가 나오려면, 여러 세대에 걸쳐서 조금씩 동성애적 경향이 강화되어 결국 동성애자가 나와야 한다는 것이다. 마찬가지로 동성애적 경향이 강한 가계에서 동성애적 양식이 사라질 때에도 여러 세대에 걸쳐서 천천히 사라져야 한다. 왜냐하면 수많은 유전자가 조금씩 변화되어 다른 행동양식이 나타나도록 재구성되어야 하기 때문이다.

그런데 실제 상황은 전혀 그렇지 않다. 가계조사를 해 보면 갑자기 동성애자가 나타났다가 갑자기 사라진다. 이러한 가계조사 결과는 행동양식에 관련되는 유전자의 수가 많다는 일반적인 사실에 근거하여 나타나야 할 현상과 상반된다.

따라서 인간의 동성애가 유전자에 의해 나타난 현상이라고 볼 수 없다.

2) 돌연변이

혹시 동성애는 정상적인 유전자의 기능을 상실하여 나타나는 돌연변이의 결과인가? 동성애를 결정하는 유전자의 수가 많은 경우에는 그 많은 유전자가 동시에 돌연변이를 일으켜야 하므로 확률적으로 불가능하다. 그렇다면 핵심적인 유전자 중에서 한두 개가 돌연변이를 일으켜서 동성애가 생기는 것인가?

한두 개의 유전적 결함에 의해서 나타나는 질환들이 제법 알려져 있다. 예를 들면, 헌팅턴 무도병(Huntington's disease), 낭포성 섬유증(cystic fibrosis), 겸상적혈구빈혈증(sickle cell anemia), 다운증후군(Down's syndrome), 루게릭병(Lou Gehrigs's disease) 등이 그것이다. 그런데 위에서 언급한 유전질환들은 행동양식에 변화를 일으키는 것이 아니라 육체적인 문제를 발생시킨다. 행동유전학의 전문가이신 플로민(Plomin)은 다음과 같이 말했다. "4000 종류 이상의 돌연변이에 의한 인간의 유전 질환이 알려져 있지만 대부분 육체적 결함을 초래한다."[4]

동성애가 한두 개의 돌연변이에 의해서 생겼다고 볼 수 없는 또 다른 이유가 있다. 한두 개의 돌연변이로 생겼다고 보기에는 동성애가 생기는 빈도

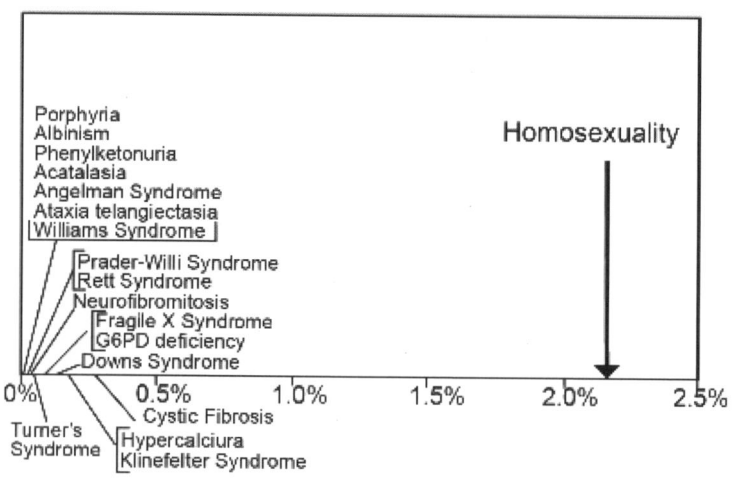

그림 4. 유전질환의 빈도와 동성애의 빈도 비교

ⓒ Reprinted by permission from Whitehead and Whitehead: "My Genes Made Me Do It! Homosexuality and the scientific evidence", copyright (2010)

가 너무 높다. 〈그림 4〉에서 보다시피,[15] 다운증후군과 같이 유전자의 손상으로 나타나는 유전질환은 전체 인구 중에서 0.25% 이하의 빈도를 갖는다. 그리고 그러한 유전질환자를 모두 합치더라도 전체 인구의 1% 정도 밖에 되지 않는다.[16] 그런데 서구 사회에서 동성애의 빈도는 약 2~3%이므로, 동성애가 유전자의 손상에 의해서 나타난 현상이라고 보기에는 너무 빈도가 높다. 와이트헤드 박사는 최근의 설문 조사를 평균하여 그림에서 동성애 빈도를 2.4%로 간주하였다.

참고로 〈그림 4〉와 〈그림 5〉는 저자의 허락 하에 와이트헤드의 책에서 가져왔으며,[17] 서구 사회에서 동성애 빈도는 〈그림 5〉에 나타난 정신질환들의 빈도와 비슷하다.[18] 물론 이 말은 동성애가 정신질환이라는 말은 아니고, 빈도로 보면 정신질환들과 비슷하다는 뜻이다.

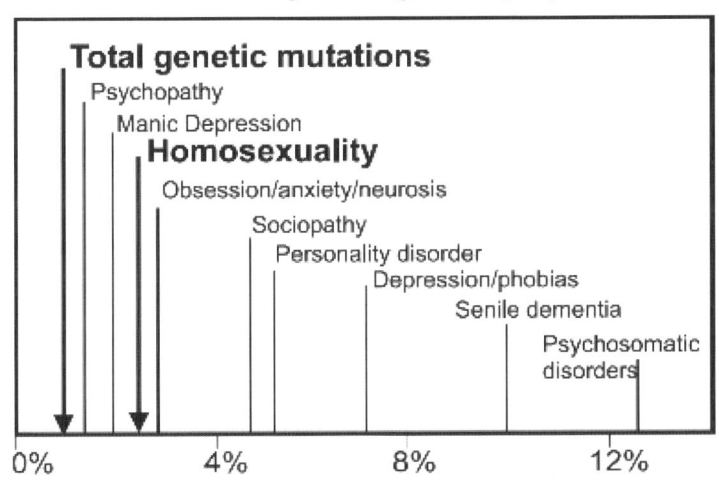

그림 5. 정신질환의 빈도와 동성애의 빈도 비교

ⓒ Reprinted by permission from Whitehead and Whitehead: "My Genes Made Me Do It! Homosexuality and the scientific evidence", copyright (2010)

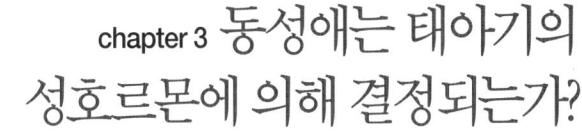

chapter 3 동성애는 태아기의
성호르몬에 의해 결정되는가?

chapter 3 동성애는 태아기의 성호르몬에 의해 결정되는가?

동성애가 유전자에 의해 결정되는 것은 아니지만, 어머니의 자궁 안에서 영향을 받아 태어날 때부터 동성애를 하도록 인체 구조가 형성되었다는 주장이 있다. 즉, 동성애가 유전은 아니지만, 선천적으로 동성애를 하도록 인체구조가 형성되어 태어났다는 것이다.

어머니의 자궁 안에서 동성애자가 되도록 만드는 요인으로 고려되는 대표적인 것이 태아기의 성호르몬 이상이다.[1]

그 주장을 살펴보기 전에 성호르몬이 동성애에 미치는 효과에 대해서 간략히 언급하겠다. 성인인 남성 동성애자와 남성 이성애자의 남성호르몬 수치를 조사해 보면 전혀 차이가 없다.[2] 몸에서 분비되는 성호르몬 분비량에 차이가 있어서 동성애를 하고 싶을 것이라는 추측은 맞지 않다. 또한 동성애자에게 강제로 성호르몬을 주입하더라도 아무런 효과가 없었다.[3] 성호르몬은 성욕을 증가시키거나 감퇴시키는 작용이 있지만, 성적 지향에는 영향을 끼치지 않는다.[4,5]

1. 동성애자의 손가락과 태아기 호르몬의 영향

1) 윌리엄(William)의 연구

동성애자들의 손가락 길이를 측정함으로써 동성애가 태아기의 호르몬과 관련되었음을 나타낸다는 결과를 2000년에 윌리엄(William) 등이 네이처(Nature)에 발표하였다.[16] 선행연구에 따르면, 여성의 경우, 두 번째 손가락 길이(2D)와 네 번째 손가락 길이(4D)가 거의 같지만, 남성의 경우에는 두 번째 손가락 길이가 네 번째 손가락 길이에 비하여 짧았으며,[17] 태아기의 호르몬이 손가락 길이의 비에 영향을 미친다고 한다.[18] 그래서 윌리엄 등은 샌프란시스코의 거리 축제에 참여한 720명 성인을 대상으로 하여 성적 지향을 묻고 두 번째 손가락과 네 번째 손가락 길이의 비(2D/4D)를 측정하였다. 손가락 길이의 비를 측정한 결과, 예상대로 남자보다 여자의 비가 컸으며, 오른손 손가락에 더욱 분명하게 성별에 따른 차이가 나타났다. 또한 여성 동성애자의 손가락 길이의 비(2D/4D)는 남성과 여성 이성애자 사이의 값을 가졌다. 이러한 결과를 토대로 여성 동성애자는 여성 이성애자에 비하여 태아기에 호르몬의 영향을 더 받은 것으로 추론하였다.

윌리엄 등이 발표한 논문 그림을 확대하여 측정하면, 여성 이성애자의 2D/4D 측정값의 평균은 $\mu_t \approx 0.972$, 표준오차 $e_t \approx 0.032$로 어림되고, 여성 동성애자의 경우, 평균은 $\mu_h \approx 0.962$, 표준오차 $e_h \approx 0.026$으로 어림된다. 표준편차는 표준오차에 조사대상자(N)의 제곱근을 곱하는 것인데($\sigma = e\sqrt{N}$), 조사된 여성 이성애자의 수는 146명이고, 여성 동성애자의 수는 164명이므로 여성 이성애자의 2D/4D 측정값의 표준편차는 $\sigma_t \approx 0.039$로 어림되고, 여성 동성애자의 경우에는 표준편차가 $\sigma_h \approx 0.033$으로 어림된다. 위의 수치들은 논문 그림을 확대하여 얻은 대략적인 값임을 밝혀둔다. 두 집단의 분포가 가우스분포를 따른다고 가정하고 확률분포를 그리면 〈그림 6〉과 같다. x축은 손가락 길이의 비 2D/4D를, y축은 그 손가락 길이의 비를 가질 확률을 나타내고, 실선은 여성 이성애자의 확률 분포를 나타내고, 점선은 여성 동성애자의 확률 분포를 나타낸다. 〈그림 6〉으로부터 여성 이성애자와 여성 동성애자 분포의 평균이 약간 다르지만, 분포된 영역이 거의 겹치는 것을 볼 수 있다. 손가락 길이의 비가 태아기의 호르몬에 의해 영향을 받고, 여성 이성애자와 여성 동성애자의 손가락 길이 분포의 평균에서 조금 차이 나는 것이 태아기의 호르몬 영향이라 하더라도, 여성 이성애자와 여성 동성애자의 분포가 거의 겹친다는 사실로부터, 태아기의 호르몬이 동성애 형성에 아주 약한 영향을 준다는 것을 알 수 있다.

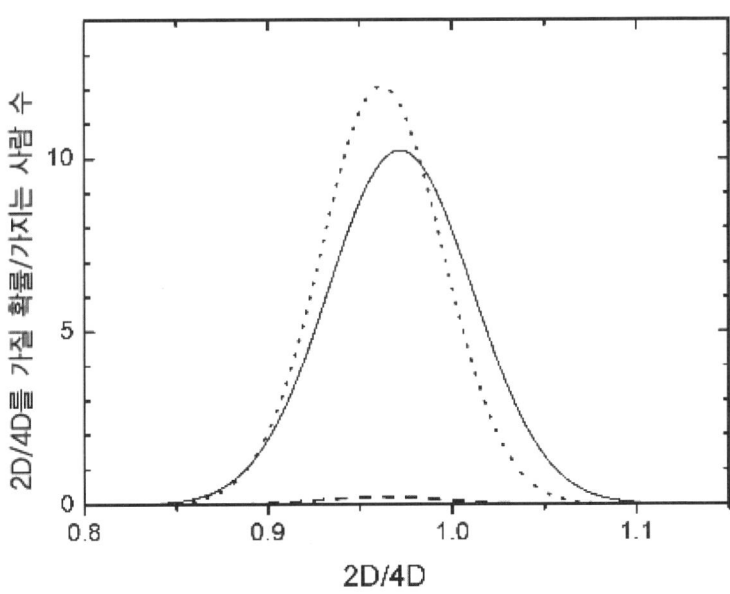

그림 6. 손가락 길이의 비(2D/4D)에 따른 확률 분포

미국의 여성 동성애자 비율이 1.8%라고 가정하면, 여성 이성애자의 수가 여성 동성애자의 수보다 약 55배 정도 많다. 이러한 사실을 고려하여 손가락 길이의 비(2D/4D)를 가지는 실제 사람의 수에 비례하도록 두 집단, 즉 여성 이성애자와 여성 동성애자의 그래프를 그리면, 〈그림 6〉에서 실선은 여성 이성애자의 수에 비례하는 값을 나타내고, 대시는 여성 동성애자의 수에 비례하는 값을 나타낸다. 여기서 실선이 계속 여성 이성애자를 나타내도록 조정을 하였으며, 그 결과 여성 동성애자를 나타내는 그래프는 아주 나지막하게 밑으로 깔려있는 대시로 바뀌게 된다. 이때에 y축의 값은 더 이상 손가락 길이의 비를 가지는 확률을 나타내는 것이 아니고, 손가락 길이의 비를 가지는 집단의 사람 수에 비례하는 값을 나타낸다. 실선과 대시를 비교해 보면, 어떠한 손가락 길이의 비를 가지는 여성 집단에서도 여성 이성애자의 수가 여성 동성애자의 수에 비해 50배 정도 많음을 볼 수 있다. 예로서, 여성 이성애자의 빈도가 가장 높은 2D/4D≈0.972를 가지는 여성 집단에서는 여성 동성애자의 비율이 대략 2%이며, 여성 이성애자의 수가 여성 동성애자의 수보다 49배 정도 많다. 여성 동성애자의 빈도가 가장 높은 2D/4D≈0.962를 가지는 여성 집단에서는 여성 동성애자의 비율이 2.2%이고, 여성 이성애자의 수가 여성 동성애자의 수보다 45배 정도 많다.

따라서 2D/4D가 작아짐에 따라, 즉 손가락 길이의 비가 남성과 근사할수록 여성 동성애자가 될 확률이 조금 증가하지만, 대다수의 여성은 여전히 이성애자임을 볼 수 있다. 어떤 손가락 길이의 비를 가진 여성 집단에서도 대다수가 이성애자라는 점과 여성 이성애자와 여성 동성애자의 손가락 길이의 분포가 거의 겹친다는 사실로부터, 태아기의 호르몬이 동성애 형성에 영향을 미친다 하더라도 아주 약한 영향을 미치며, 어쩔 수 없이 동성애자가 되게 할 만큼의 강력한 효과를 미치는 것은 아님을 분명히 나타낸다.

2) 윌리엄 논문에 대한 추가 반론

윌리엄 논문에 관해서 두 가지 문제점을 추가로 말하고자 한다.

첫째, 태아기의 호르몬이 아닌 이유로도 여성 동성애와 손가락 길이의 비 사이에 상관관계가 존재할 수 있다. 예로서, 여성 동성애자들이 여성 이성애자에 비하여 좀 더 남성적인 골격 구조를 갖는다는 조사 결과가 있다.[9] 손가락 길이의 비를 포함한 자신의 남성적인 골격구조를 바라보면서 형성된 인식에 의해 동성애자가 될 확률이 증가할 수 있다. 즉, 손가락 길이에 영향을 미친 생물학적 요인에 의해서가 아니라 자신의 체형을 바라보면서 생긴 인식 때문에 동성애자가 될 수 있다는 뜻이다. 이것은 한 가지 예이지만, 여성 동성애와 손가락 길이의 비 사이에 상관관계가 존재한다 하더라도, 그것 자체가 여성 동성애와 태아기 호르몬 사이의 상관관계를 입증하는 직접적인 증거는 아님을 보여 준다.

둘째, 윌리엄의 논문에서 더 큰 문제점은 남성 동성애자의 손가락 길이의 비가 남성 이성애자와 크게 다르지 않았다는 것이다. 윌리엄의 논문 이후에 있었던 두 번의 연구결과에서는 남성 동성애자의 손가락 길이의 비가 남성 이성애자보다도 더 작았고, 한 번의 연구결과에서는 남성 동성애자의 손가락 길이의 비가 여성과 남성 이성애자 사이의 값이었다. 이처럼 남성 동성애와 손가락 길이의 비 사이에는 일관성이 있는 상관관계가 발견되지 않았다. 이러한 결과는 태아기 호르몬이 여성의 경우에만 손가락 길이의 비에 영향을 주고, 남성의 경우에는 손가락 길이의 비에 아무런 영향을 주지 않기 때문인가? 그럴 수는 없지 않은가? 참고로, 2004년에 태아기의 호르몬을 측정하고 그 후에 태어난 아이가 두 살이 되었을 때에, 33명의 어린이(남아 18명, 여아 15명)의 손가락 길이의 비를 측정하였다. 태아기의 두 호르몬의 비, 남성호르몬인 테스토스테론(FT)과 여성호르몬인 에스트라디올(FE)의 비(FT/FE)를 측정하고 손가락 길이의 비(2D/4D)를 측정하여 상관관계를 조사한 결과, 남성과 여성에 상관없이 FT/FE가 증가할수록 2D/4D가 작아지는 경향을 나타내었다.[110] 즉, 두 살이 된 18명의 남자 아이를 대상으로 조사한 결과, 태아기 호르몬과 손가락 길이의 비 사이에 약한 상관관계가 존재하였다. 따라서 태아기의 호르몬이 남성의 손가락 길이의 비에도 영향을 준다고 보아야 할 것 같다. 그렇다면 남성 동성애와 손가락 길이의 비 사이에 상관관계가 없다는 결과는, 여성 동성애만 태아기 호르몬의 영향을 받았고, 남성 동성애는 태아기 호르몬의 영향을 받지 않았기 때문인가? 태아기의 호르몬이 여성 동성애에만 영향을 주고, 남성 동성애에는 영향을 주지 않는다는 논리는 쉽게 납득되지 않는다. 앞에서 기술한 두뇌에 대한 연구에서는 태아기 호르몬이 남성 동성애자의 두뇌에 영향을 주었을 것이라는 추측 하에 남성 동성애자의 두뇌를 조사하였다. 손가락 길이의 비에 대한 연구가 더 깊이 있게 진행되어 위에서 제기한 문제점들이 해결되길 희망한다.

셋째, 2003년에 맥파덴(McFadden) 등은 태아기의 호르몬에 의해 영향을 받는 것으로 추정되는 다른 현상들, 예를 들어 피부 무늬의 비대칭 등과 손가락 길이의 비율 사이의 상관관계를 조사하였지만 아무런 상관관계를 발견할 수 없었다.[111] 손바닥에 있는 피부의 무늬는 태아기의 8주부터 16주 사이에 결정되고, 그 이후에는 별로 변화가 없어 피부의 무늬가 태아기 호르몬의 영향을 나타낼 것으로 기대하였다.[112] 따라서 발생 과정에서 일어나는 호르몬 분비 장애가 오른쪽과 왼쪽의 피부에 비대칭 무늬를 만들어낼 것으로 추정하였다. 1994년에 66명의 남성 동성애자와 182명의 남성 이성애자를 대상으로 한 조사에서는 동성애자의 왼쪽 손에서 상당한 비대칭을 발견하였지만,[113] 2002년에 더 많은 수를 대상으로 한 조사에서는 아무런 차이를 발견할 수 없었다.[114] 동성애가 선천적이라는 것을 옹호하는, 1990년대에 발표된 소규모 집단의 조사결과가 10년 후에 잘못되었음이 밝혀지는 또 하나의 사례이다. 이러한 사례들이 꽤 많이 있으므로 우연히 그렇게 되었다고 보기 어렵다.

국내 문헌에서 손가락 길이의 비를 측정한 윌리엄 등의 연구 결과를 동성애가 태아기의 호르몬 이상으로 형성되었다는 주장을 뒷받침하는 데 사용하고 있다. 그러나 연구 결과에 대한 자세한 설명과 문제점들은 거의 소개하지 않아서 일반인에게 동성애가 태아기 호르몬에 의해 형성되었다고 오해하도록 만든다.

2. 태아기 과량 분비 호르몬의 영향

태아기의 호르몬이 동성애 형성에 얼마나 영향을 미치는지를 알고 싶으면, 태아기에 상당한 양의 호르몬에 영향을 받았던 사람들이 나중에 얼마나 동성애자가 되는지를 확인하면 된다. 만약 태아기의 호르몬이 동성애 형성에 결정적인 영향을 미친다면, 태아기에 많은 양의 호르몬에 의해 영향을 받은 사람은 나중에 동성애자가 될 확률이 굉장히 높아야 한다.

1) 디에틸스틸베스트롤의 영향

합성 여성호르몬의 일종인 디에틸스틸베스트롤의 영향에 대해 살펴보고자 한다. 1940년과 1970년 사이에 유산 위기에 있는 임산부에 디에틸스틸베스트롤을 대량으로 투여하였다. 이때에 매일 투여한 호르몬의 양이 굉장히 많았다. 지금은 암이 발생할 위험 때문에 그렇게 하지 않는다. 시간이 많이 경과한 후에 디에틸스틸베스트롤을 대량으로 복용한 임산부 딸의 성적 지향을 자세히 조사하였는데, 네 번의 연구 중에서 두 개의 결과는 일반인보다 동성애 성향이 조금 높았지만,[1] 두 개의 결과는 일반인과 아무런 차이가 없었다. 가장 최근에 정밀하게 수행된 후속 연구에서도 아무런 차이를 발견할 수 없었다.[2] 또한 디에틸스틸베스트롤을 대량 투여 받은 임산부의 아들 20명에 대한 성적 지향을 조사한 결과에서도 아무도 동성애 성향을 나타내지 않았다.[3] 따라서 태아기에 대량의 합성 여성호르몬의 영향을 받았음에도 불구하고 동성애자가 된 사례가 증가하지 않은 사실은 태아기 호르몬이 동성애 형성에 큰 영향을 미치지 않음을 잘 나타낸다.

2) 선천성부신과형성

선천성부신과형성(CAH; congenital adrenal hyperplasia)이란 질병은 유전적 결함으로 나타나는 장애로, CAH 질환 여성의 경우에는 태아기에 안드로겐이란 남성 호르몬을 많이 분비한다. 그 결과, 신체 내부의 여성 생식기관인 자궁과 난소는 정상적으로 발달하지만, 외부 생식기가 남성화되어 남성의 성기 모양이 만들어지기도 한다. 증상이 심하면 태어났을 때에 남자 아이처럼 보인다. 태어난 후에도 남성 호르몬을 계속 분비하기 때문에 그 영향을 막기 위하여 일생 호르몬 치료를 해야 하며, 어떤 때는 생식기를 수술해야 한다.

그런데, 약 40년 전에는 CAH 질환을 가진 여성들을 치료하지 않은 경우도 있었는데, 연구자들은 그들의 성적 지향이 어떠한 지 조사하였다. 1984년에 모니(Money) 등은 CAH 질환을 가진 여성은 일반 여성에 비해 더 양성애 경향을 가진다는 설문조사 결과를 발표하였다.[4] 그런데 설문조사를 구체적으로 살펴보면, 면담할 때에 자신을 여성답다고 느끼지 않고 남자 애인이 없으면 양성애자로 간주함으로써 양성애자 수치가 증가되도록 하였다.[5]

그런데 CAH 질환이 있는 소녀들은 성에 대해 말하기를 꺼려하고 부끄러워 할 가능성이 높다.

CAH 질환을 앓은 여성이 일반여성보다 더 양성애 경향을 가진다 하더라도, 모호한 자녀의 성을 대하는 부모의 양육태도, 자신의 성에 대한 내적 불안감, 어린 시절의 과다 약물투여 및 병원치료 등의 이유로 왜곡된 성 정체성을 갖게 되었을 수 있다.[16] 어쩌면 자신이 가지는 목소리와 외모가 또래 친구들과 다름을 깨닫고 청소년기에 느끼는 불안정한 성 정체성으로 말미암아 양성애 경향을 갖게 되었을 수 있다. 당뇨병으로 오래 병원 치료를 받은 비슷한 나이의 여성에 대한 설문조사에서도 위에서 얻은 결과와 비슷한 정도의 양성애자 성향을 가지는 것으로 조사되었다.[17] 당뇨병 자체가 양성애를 유발할 수 없으므로, 두 부류의 여성들이 공통으로 겪은 환경적인 요인, 즉 잦은 병원 치료와 성 정체성에 대한 인터뷰 등이 그들로 하여금 양성애 성향을 나타내게 했을 수 있다. 즉, CAH 질환을 앓은 여성이 일반여성보다 양성애 또는 동성애 경향을 더 가진다고 해서, 태아기의 성 호르몬 이상이 동성애를 하도록 신체구조를 형성했다는 주장을 뒷받침한다고 볼 수는 없다.

1974년 러시아에서 CAH 질환을 앓은 18명의 젊은 여성에게 행한 조사에서는 아무도 동성애 성향을 나타내지 않았다.[18] 물론 이 결과는 러시아라는 특별히 폐쇄된 체제 하에서 거주하는 사람에게서 얻은 것이지만, 이 결과는 동성애 성향이 사회 체제, 즉 환경의 영향을 많이 받는다는 것을 나타낸다.

최근에 수행한 두 설문조사에서는 CAH 질환 여성이 일반 여성에 비하여 동성애 성향이 더 높은 것으로 조사되었지만 그렇게 큰 차이는 아니었다.[19,10] 2008년의 조사에서 CAH 질환을 가진 여성의 9%가 다른 여성에게 사랑을 표현했고, 11%가 실제로 다른 여성과 성관계를 맺었다고 응답했는데, 이는 일반 여성과 크게 차이나는 것은 아니다. 2005년에 행한 다른 조사에서는

CAH 질환을 가진 250명 소녀들의 95%가 여성 정체성에 있어서 아무런 문제가 없었다.[11]

요약하면, CAH 질환을 가진 여성은 외부 성기의 모양이 남성처럼 보일 정도로 태아기에 과다하게 남성 호르몬이 분비되었음에도 불구하고 동성애자가 될 확률이 일반인에 비해 그리 높지 않았다. CAH 질환을 가진 여성이 일반 여성에 비해 동성애 성향이 더 많기는 하지만 큰 차이가 나지 않는다는 결과로부터, 태아기의 호르몬이 동성애 형성에 큰 영향을 미치지 않음을 분명히 알 수 있다. 또한 CAH 질환을 가진 여성이 일반 여성에 비해 동성애 성향이 더 많은 이유도 잦은 병원치료와 어린 시절의 불안정한 성 정체성과 같은 후천적인 요인 때문일 수 있다.

결론적으로, 신생아 때에 성 기형이 나타날 정도로 태아기에 특정 호르몬의 영향을 과도하게 받았던 사람들도 대다수가 동성애자가 되지 않는데, 정상적인 성 기관을 가진 일반적인 동성애자들이 태아기의 호르몬에 의해 어쩔 수 없이 동성애자가 되었다는 주장은 전혀 설득력이 없다.

3. 태아기의 호르몬 직접 측정과 그 영향

태아기의 호르몬을 직접 측정하고 나중에 그 아이의 성적 행동의 양상을 조사한 연구 결과가 최근 십년 동안 발표되었다. 임산부의 양수를 채취하여 태아의 질병 여부를 진단하는 방법인 양수천자(amniocentesis)를 통하여 태아기의 남성호르몬인 테스토스테론(testosterone) 수치를 알 수 있다.

태아기의 테스토스테론 수치와 출생한 아이가 여러 연령대에서 보이는 남성적인 행동과의 관계를 살펴본 결과, 미미한 통계적 상관관계가 존재하였으며, 특히 2012년에는 MRI 스캔에서 두뇌의 회백질과 상관관계를 보였다.[1] 태아기의 남성호르몬 수치와 여러 연령에서의 남성적인 행동 사이의 상관관계는 태아기의 남성호르몬이 두뇌에 영향을 미쳐서 나중에 남성적인 행동을 하도록 했음을 암시한다.

위의 결과가 지니는 몇 가지 문제점을 제시하고자 한다.

첫째, 태아기의 호르몬과 남성적인 행동 사이에 통계적으로 미미한 상관관계가 존재한다. 이것은 태아기의 호르몬이 두뇌에 영향을 미쳤다고 하더라도, 아주 약하게 미쳤다는 것을 암시한다.

둘째, 이전 연구에서 뇌의 남녀 차이를 조사할 때에 뇌 회백질의 남녀 차이를 발견했다는 연구가 없었으므로, 태아기의 테스토스테론 수치와 회백질 사이에 상관관계를 보였다는 결과는 약간 의외의 결과이다. 또한 태아기 호르몬과 뇌의 회백질 사이에 통계적인 상관관계가 존재하긴 하지만 상당히 미약하였다.

셋째, 현재까지 진행된 연구 중에서 동성애 성향과 관계가 깊은 것으로 알려진 남아용 장난감 선택과 태아기 테스토스테론 수치 사이의 상관관계도 서로 상충되는 결과를 나타내고 있다. 즉, 어떤 연구에서는 태아기 테스토스테론의 수치와 남아용 장난감을 사용하는 놀이 행동 사이에 상관관계가 나타난 반면에,[2] 다른 연구에는 상관관계가 없었다.[3,4] 그러므로 태아기의 테스토스테론 수치와 동성애 성향 사이의 상관관계를 입증하는 직접적인 조사 결과는 없다.

넷째, 심리학자 파인은 최근 저서에서 태아기의 호르몬 때문에 남자와 여자의 두뇌가 다르게 형성되지 않는다고 주장하면서[5] 태아기의 테스토스테론과 행동 사이의 상관관계를 조사한 연구결과들을 자세히 정리하고 반박하였다. 이제까지의 연구 결과들이 왜곡되고 과장되어 남녀의 두뇌가 태어나기도 전에 구별된 능력을 가지는 것으로 오해하게 만든다고 주장하였다. 파인의 주장에 따르면, 태아기 호르몬이 남녀의 두뇌를 다르게 형성하지 못하므로 태아기의 호르몬에 의해 반대의 성을 닮은 동성애자의 두뇌를 만드는 것은 가능하지 않다.

태아기의 호르몬이 어느 정도 두뇌와 남성적인 행동에 영향을 미친다고 밝혀져도 놀랄 필요는 없다. 수정란으로부터 성장한 두뇌를 포함한 몸은, 성장과정에서 겪는 모든 것의 영향을 받기 때문이다. 그러한 의미에서 태아기의 호르몬이 두뇌를 포함한 몸에 영향을 미쳤고, 그로 인하여 행동에도 영향을 미쳤다고 볼 수 있다. 하지만, 여기서 강조할 점은 태아기의 호르몬만 영향을 미치는 것이 아니고, 수정란으로부터 성장하는 과정에서 겪은 모든 것이 영향을 미친다는 것이다. 즉, 태아기의 남성 호르몬 뿐만 아니라 나머지 세 번의 호르몬 증가 시기인 임신 기간의 마지막 9주, 출산 후 첫 6개월, 사춘기에서의 호르몬 증가 등과 남성적인 행동 사이에도 통계적인 상관관계를 가질 것이다. 또한 어머니 자궁 내에서 겪는 다른 영향들, 태어난 후 겪는 경험, 학습, 훈련 등과 남성적인 행동 사이에도 통계적인 상관관계가 존재할 것이다.

4. 요약

1. 어떤 여성 집단에서도 손가락 길이의 비율과 관계없이 대다수가 이성애자라는 점과 여성 동성애자와 여성 이성애자의 분포가 거의 겹친다는 사

실로부터 태아기의 호르몬이 여성 동성애 형성에 영향을 준다 하더라도 아주 미미하다는 것을 알 수 있다.

2. 남성 동성애와 손가락 길이의 비율 사이에서 상관관계를 발견할 수 없었는데, 이는 남성 동성애와 태아기의 호르몬이 서로 무관함을 나타낸다. 태아기 호르몬이 남성 동성애자의 두뇌에 영향을 주었으리라는 추측 하에 주로 남성 동성애자들의 두뇌를 조사하였는데, 손가락 길이의 비에 대한 연구 결과는 남성 동성애와 태아기 호르몬 사이의 상관관계를 부정하고 있다.

3. 합성 여성호르몬의 일종인 디에틸스틸베스트롤을 대량으로 투여 받았던 임산부의 자녀들이 나중에 동성애자가 될 확률과 일반인이 동성애자가 될 확률에는 차이가 없었다.

4. 외부 성기의 모양이 남성처럼 보일 정도로 태아기에 과다하게 남성 호르몬이 분비되는 CAH 질환을 가진 여성이 동성애 성향을 나타낼 확률이 일반 여성에 비해 크게 높지 않았다. 태아기에 많은 양의 호르몬 영향을 받았던 사람들이 나중에 동성애자가 되는 확률이 일반인에 비하여 크게 차이가 나지 않는다는 사실은, 태아기의 호르몬이 동성애 형성에 큰 영향을 미치지 않음을 잘 나타낸다.

5. 태어났을 때에 성 기형이 나타날 정도로 태아기에 많은 양의 호르몬 영향을 받았던 사람들도 대다수가 동성애자가 되지 않는데, 정상적인 성 기관을 가진 일반적인 동성애자들이 태아기의 호르몬에 의해 어쩔 수 없이 동성애자가 되었다는 주장은 전혀 설득력이 없다.

6. 태아기에 노출된 남성 호르몬과 동성애 사이의 상관관계를 입증하는 직접적인 조사결과는 없다.

chapter 4 동성애를 하게 만드는
두뇌를 갖고 태어나는가?

chapter 4 동성애를 하게 만드는 두뇌를 갖고 태어나는가?

〈그림 7〉은 대뇌 왼쪽 반구의 내면 구조를 나타낸다.

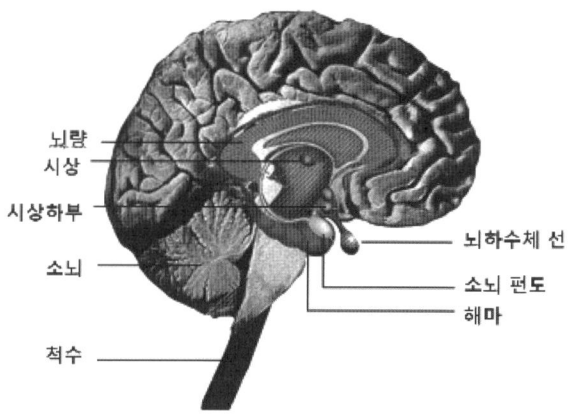

그림 7. 두뇌 구조(왼쪽 반구의 내면)

ⓒ Reprinted by permission from Whitehead and Whitehead: "My Genes Made Me Do It! Homosex-uality and the scientific evidence", copyright (2010)

동성애는 동성을 향하여 성적 흥분을 느끼는 정신적인 활동으로부터 시작되므로 두뇌에 의해 정해지지 않았을까 하는 추론으로부터, 동성애자의 두뇌를 조사하면 일반인과는 다를 것이라고 추측하였다.

동성애자의 두뇌가 정상인과 다르다고 주장하였던 연구 결과들을 살펴보겠다.

1. 성호르몬과 두뇌 형성

예전의 과학은 태아기의 8~24주 사이에 남성호르몬인 테스토스테론(testosterone)의 분비가 증가하여 두뇌 형성에 영향을 주며, 그 시기에 남성호르몬이 적게 나오면 남성 동성애자가 되게 만드는 두뇌를 형성할 것으로 추측하였다.

또한 남자 아이의 두뇌는 여자 아이의 두뇌와 다르며, 동성애자의 두뇌는 반대 성의 두뇌와 비슷할 것으로 추측하였다. 이러한 추측의 밑바닥에는 두뇌 구조가 임신 기간에 정해지고 동성애적 성향이 두뇌에 의해 결정되어 평생 변하지 않을 것이라는 가정이 존재한다.

그러나 최근의 과학은 두뇌 구조가 임신 기간에 결정되어 일생 동안 변하지 않는다고 보지 않는다. 최근의 연구에서는 임신 24주 이후에도 여러 차례 성호르몬의 분비가 증가하며, 태어났을 때에 남녀 신생아의 두뇌가 구조적으로 크게 다르지 않고, 태어난 이후에 환경(가정, 학교, 사회, 문화 등)의 영향을 받아 두뇌의 발달이 이루어진다는 것이 밝혀졌다.

즉, 두뇌는 일생동안 변화가 가능하며, 성인이 된 이후에도 경험, 습관,

훈련 등을 통하여 두뇌의 미세구조까지 변화될 수 있음이 두뇌 촬영을 통하여 확인되었다.

2. 시상하부 간질핵

1) 리베이(LeVay)의 연구

1991년에 리베이(LeVay)는 성기능과 관련이 있는 전시상하부의 간질핵(INAH: interstitial nuclei of the anterior hypothalamus)을 조사하여 학술지 사이언스에 발표하였다.[1] 시상하부의 INAH 3 크기를 보면 남성 동성애자가 남성 이성애자보다 작으므로, 즉 여성과 비슷하므로 INAH 3이 동성애와 관련이 있다는 것이었다. 이 연구 결과가 발표되어 서구의 많은 일반인들은 동성애자들이 동성애를 하게 만드는 두뇌를 갖고 태어난다고 오해하게 되었다(참고로 리베이는 동성애자이므로, 동성애를 옹호하는 결론을 얻으려고 의도했을 수도 있다).

두뇌 조직은 뉴욕과 캘리포니아의 일곱 개 대도시 병원에서 죽은 41명의 여자, 남성 동성애자, 남성 이성애자로 추정되는 사람들로부터 추출되었다. 41명 중 19명은 에이즈로 사망한 남성 동성애자였다. 16명은 남성 이성애자로 추정되는 사람이었고, 그중에 여섯 명은 에이즈로 사망했으며, 열 명은 다른 이유로 사망하였다. 여섯 명은 여성이었으며, 그중에 한 명은 에이즈로 사망했고, 나머지는 다른 이유로 사망하였다.

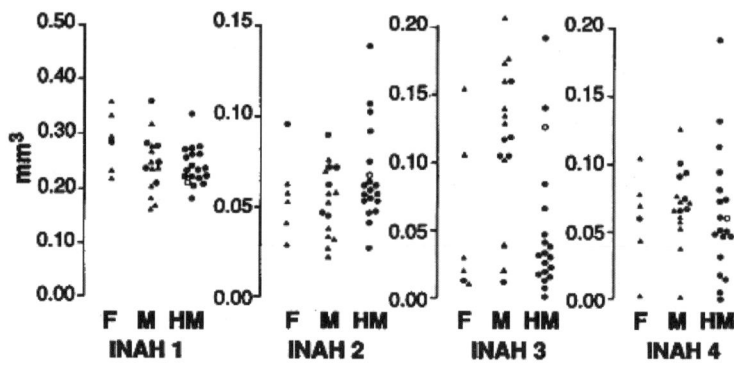

그림 8. 여성(F), 남성 이성애자로 추정된 사람(M),
남성 동성애자(HM)의 INAH 크기 비교

ⓒ From LeVay, Science 253, 1034, 1991, Fig. 2, "A difference in hypothalamus structure between heterosexual and homosexual men". Reprinted with permission from AAAS and author

〈그림 8〉은 리베이 논문에 발표된 것으로서, F는 여성을, M은 남성 이성애자로 추정된 사람을, HM은 남성 동성애자를 나타낸다. ●은 에이즈로 죽은 사람을, ▲은 에이즈 이외의 이유로 죽은 사람을, ○은 에이즈로 죽은 남성 양성애자를 나타낸다. 〈그림 8〉에서 INAH 1, 2, 4에 대해서는 세 부류의 사람들이 특별한 차이를 나타내지 않지만, INAH 3에 대해서는 남성 이성애자가 여자에 비하여 두 배 이상 컸으며, 남성 이성애자가 남성 동성애자보다 두 배 이상 컸다. 리베이는 이 결과로부터 INAH 3이 동성애(성적 지향)와 연관이 있음을 나타낸다고 발표하였다. 이 연구 결과는 서구 사회에 동성애자들은 동성애를 하게 만드는 두뇌를 선천적으로 갖고 태어난다는 오해를 확산시켰다.

리베이 논문의 문제점을 살펴보면 첫째, 조사 대상이 된 남성 이성애자가 진정한 이성애자인지에 대해 확실치 않다. 남성 이성애자로 추정된 16명 중에서 두 명은 자신이 동성애자가 아니라고 밝혔지만, 나머지에 대한 정보가 없다. 특히 16명 중에서 여섯 명이 에이즈로 사망하였으므로, 조사 대상으로 선정된 남성 이성애자의 37.5%가 에이즈로 사망하였다. 이 수치는 일반적인 남성 이성애자가 에이즈로 죽을 확률이 1% 이하임에 비하여 매우 높다. 따라서 조사 대상으로 선정된 남성 이성애자로 추정된 사람들이 실제로는 동성애자일 가능성이 있으며, 특히 에이즈로 죽은 남성 이성애자들이 동성애자이었을 가능성이 상당히 높다. 에이즈로 죽은 남성 이성애자들을 모두 남성 동성애자 집단으로 이동시키면, 남성 동성애자에 대한 INAH 3의 결과가 크기가 작은 영역에 몰려 있지 않고 제법 넓은 영역으로 분포되며, 남성 동성애자와 남성 이성애자 사이의 평균값 차이도 줄어들게 된다. 두 번째는 INAH 3의 경계를 구별하기가 어려워서 INAH 3의 크기가 어느 정도 연구자의 주관에 따라 달라진다. 세 번째는 INAH 3의 크기가 동성애(성적 지향)를 일으키는 원인인지, 혹은 성적 지향에 의한 결과인지는 알 수 없다. 즉, INAH 3의 크기가 원인으로 작용하여서 그 사람의 성적 지향을 결정하는 데 영향을 미쳤는지, 혹은 그 사람이 선택한 성적 지향에 의해서 살아온 성적 행동의 결과로써 INAH 3의 크기가 영향을 받았는지는 알 수 없다. 두 번째와 세 번째 문제점은 리베이 자신도 논문에서 문제점으로 언급하였다.

2) 바인(Byne)의 연구

리베이에 의해 주장되었던 것을 확인하기 위하여 2001년에 바인(Byne) 등은 죽은 34명의 이성애자로 추정된 남성(24명은 에이즈 음성이며, 10명은 에이즈 양성), 34명의 이성애자로 추정된 여성(25명은 에이즈 음성이며, 9명은 에이즈 양성), 14명의 남성 동성애자(모두 에이즈 양성)를 대상으로 네 종류 INAH의 크기, INAH 안에 있는 뉴런의 크기, 개수, 밀도에 대하여 성별, 성적 지향, 에이즈 감염에 따른 차이를 조사하였다.[12] 그 결과, 남성 동성애자가 남성 이성애자에 비해 INAH 3 크기는 작았지만, INAH 3 내에 있는 뉴런의 개수를 조사해 보니 남성 동성애자가 남성 이성애자와 비슷하였으며 여성에 비해 훨씬 많았다.

표 5. 네 종류 INAH 크기(단위: mm^3)의 성별, 성적 지향, 에이즈 감염에 따른 차이

	남성 이성애자		여성 이성애자		남성 동성애자
	에이즈 음성	에이즈 양성	에이즈 음성	에이즈 양성	에이즈 양성
INAH 1	0.364±0.017(21)	0.424±0.033(9)	0.372±0.018(20)	0.409±0.003(8)	0.379±0.026(12)
INAH 2	0.059±0.004(23)	0.058±0.010(10)	0.055±0.002(24)	0.058±0.013(8)	0.059±0.005(13)
INAH 3	0.123±0.009(22)	0.108±0.009(9)	0.077±0.006(25)	0.067±0.012(9)	0.096±0.007(14)
INAH 4	0.101±0.010(22)	0.103±0.011(8)	0.091±0.010(25)	0.083±0.013(9)	0.085±0.012(14)

ⓒ Reprinted from Hormones and Behavior, 40, Byne et al., "The interstitial nuclei of the human anterior hypothalamus: an investigation of Sex, Sexual Orientation, and HIV Status.", 88, Copyright (2001), with permission from Elsevier

〈표 5〉는 네 종류 INAH 크기에 대하여 성별, 성적 지향, 에이즈 감염에 따른 차이를 나타내고 있다. 〈표 5〉에서 괄호 안의 수는 조사대상자를 나타낸다. 〈표 5〉에서 남성의 INAH 3 크기가 여성에 비해 크다는 것을 볼 수 있다. 또한 〈표 5〉에서 INAH 1은 에이즈 감염자(양성)가 비감염자(음성)에 비해 크기가 크다는 것을 알 수 있다.

바인 등이 논문에서 언급하지 않았지만, INAH 3은 에이즈 양성인 사람이 에이즈 음성인 사람에 비해 크기가 작음을 알 수 있다. 에이즈 감염자들이 마약을 남용하는 경우가 많으므로, 에이즈 감염에 따른 INAH 크기 차이는 마약 남용의 결과일 수도 있다.

리베이 논문에서 밝혔듯이 〈표 5〉에서 남성 동성애자의 INAH 3은 남성 이성애자에 비해 크기가 작음을 볼 수 있다. 남성 동성애자의 INAH 3 크기는 에이즈에 감염된 남성 이성애자의 크기와 비슷하며, 남성 동성애자는 모두 에이즈 감염자이므로 에이즈의 영향으로 작게 되었을 수 있다. 하지만 바인 논문에서 그러한 언급은 없으며, 에이즈 감염에 의한 INAH 3의 크기 변화는 없다고 하였다.

표 6. INAH 3의 크기, 단위질량 당 크기,
뉴런의 밀도와 개수의 성별, 성적지향, 에이즈 감염에 따른 차이

	남성 이성애자	여성 이성애자	남성 동성애자
크기(mm3) 에이즈 음성 에이즈 양성 전체	0.123±0.009(22) 0.108±0.009(9) 0.121±0.007(31)	0.077±0.006(25) 0.067±0.012(9) 0.073±0.005(34)	0.096±0.007(14)
단위질량 당 크기(mm^3/g) 에이즈 음성 에이즈 양성 전체	0.088±0.006(22) 0.086±0.007(9) 0.087±0.005(31)	0.064±0.005(25) 0.058±0.011(9) 0.061±0.004(34)	0.069±0.006(14)
뉴런의 밀도($1/mm^3$) 에이즈 음성 에이즈 양성 전체	14484±1179(13) 17755±1447(8) 15730±960(21)	15912±1113(12) 16167±1224(9) 16021±804(21)	18792±881(14)
뉴런의 개수 에이즈 음성 에이즈 양성 전체	1737±179(13) 1887±275(8) 1794±149(21)	1123±0.156(12) 1122±0.249(9) 1123±0.135(21)	1831±0.184(14)

ⓒ Reprinted from Hormones and Behavior, 40, Byne et al., "The interstitial nuclei of the human anterior hypothalamus: an investigation of Sex, Sexual Orientation, and HIV Status.", 89, Copyright (2001), with permission from Elsevier

〈표 6〉은 INAH 3의 크기, 단위질량 당 크기, 뉴런의 밀도와 개수에 대하여 성별, 성적지향, 에이즈 감염에 따른 차이를 나타내고 있다. 〈표 6〉에서 남성의 INAH 3 크기와 단위질량 당 크기가 여성에 비해 크고, 뉴런의 개수는 여성에 비해 많음을 볼 수 있다. 〈표 6〉에서 남성 동성애자의 INAH 3 크기와 단위질량 당 크기는 남성 이성애자에 비해 작음을 볼 수 있지만, 뉴런의 개수는 남성 이성애자와 비슷하였다. 이렇게 남성 동성애자의 INAH 3 크기가 남성 이성애자에 비해 작음에도 불구하고 뉴런의 개수는 남성 이성애자와 비슷한 이유는 〈표 6〉에서 보는 것처럼 남성 동성애자의 뉴런 밀도가 남성 이성애자에 비해 크기 때문이다. 2001년 바인 논문의 중요한 발견은, 남성 동성애자의 INAH 3 크기가 남성 이성애자에 비해 작음에도 불구하고 INAH 3 내의 뉴런 개수의 차이가 없다는 것이다.

바인 등은 남성 동성애자의 INAH 3 크기가 작은 이유는 유전자나 선천적인 것이 아니라 '출생 이후'의 신경망 감소라고 추론하였다. 동물 연구에서 신경망 구성이 출생 후의 경험에 의해 영향을 받는 것으로 알려져 있고, 인간 두뇌의 확장은 대부분 출생 후에 환경의 영향을 받으면서 일어나므로, INAH 3 내의 신경망 구성이 출생 후의 경험에 의해 영향을 받았을 수 있다고 기술하였다. 또한 〈표 5〉에서 지적하였듯이, 남성 동성애자의 INAH 3 크기가 남성 이성애자에 비해 작은 이유는 에이즈 감염의 결과일 수 있고, 에이즈 감염자들이 흔히 남용하는 마약의 결과일 수 있다.

리베이는 INAH 3의 크기만 보고 INAH 3과 동성애 사이에 연관성이 있다고 추측하였지만, 바인은 INAH 3 내의 뉴런 개수는 남성 동성애자와 남성 이성애자 사이에 차이가 없음을 밝히고, 남성 동성애자들의 INAH 3 크기가 작은 이유를 출생 후의 영향으로 추론하였다. 따라서 INAH 3의 크기만 보고 INAH 3이 동성애와 관련이 있을 것이라는 추측하는 것은 잘못이라고 바인 등은 결론을 내렸다. 즉, 리베이가 제기하였던 남성 동성애와 INAH 3 사이의 연관성을 과학적 자료로 부정한 것이다.

2001년 바인 논문의 결론 부분에서, 그동안 인간의 두뇌에서 남녀 차이를 발견하려고 여러 부분, 예를 들어, 전교련(anterior commissure), 뇌량(corpus callosum), 분계섬유줄(stria terminalis)의 특정 부분 등을 연구하였지만, 여러 연구팀에 의해 일치된 결과를 낸 유일한 부분은 INAH 3이라고 기술하였다. 그런데 남녀 차이를 나타내는 INAH 3에서조차 동성애와의 관련성을 발견할 수 없었다고 강조하였다.

2006년에 바인은 남성 정체성을 나타내는 데 필요한 남성 호르몬의 양이 매우 작으므로 호르몬에 의해 두뇌에 남성으로서의 특별한 구조를 만들 가능성은 매우 낮다고 지적하였다.[3]

3. 전교련

동성애와 관련이 있을 것으로 추정되는 다른 두뇌 부분으로 양쪽 뇌를 연결하는 전교련(anterior commissure)을 들 수 있다. 전교련의 단면에 남녀의 차이가 있고 남성 동성애자는 여성과 비슷할 것으로 추측하였다.

1988년에 있었던 첫 번째 결과는 남성의 전교련 단면이 여성에 비해 크다는 것이었고,[4] 1991년과 1992년에 발견한 결과는 오히려 여성이 더 크다는 것이었다.[5,6]

1992년에 알렌(Allen) 등은 사후 연구에서 양쪽 뇌를 연결하는 전교련의 단면이 여자가 남자보다 크고, 남성 동성애자가 남성 이성애자보다 크다고 발표하였다.[6]

1999년에 수행된 네 번째 연구에서는 전교련 단면에 있어서 남녀 차이를 발견하지 못하였다.[7]

2002년에 라스코(Lasco) 등은 120명의 남성 동성애자, 남성 이성애자, 여성 이성애자에 대하여 두뇌 질량, 전교련 단면면적, 전교련 단면면적/두뇌 질량을 조사하였다.[8] 그 결과, '전교련 단면면적/두뇌 질량'은 남성 동성애자가 6.25 ± 2.52, 남성 이성애자가 6.50 ± 2.72, 여성 이성애자가 6.41 ± 2.63 이었다(단위: $mm^3/g \times 10^3$). 따라서 라스코 등은 전교련 단면에 대하여 남녀의 차이와 성적지향에 따른 차이는 없다고 결론을 내렸다.

4. 뇌량

동성애와 관련이 있을 것으로 추정되는 또 다른 두뇌 부분으로 양쪽 뇌를 연결하는 뇌량(corpus callosum)의 대상구조(splenium)을 들 수 있다.

1997년에 비숍(Bishop)과 왈스텐(Wahlsten)은 사후 연구에서 뇌량에 대한 연구 결과를 종합하여 남성의 두뇌가 여성에 비해 크고, 남성의 뇌량 크기도 여성에 비해 크지만, 1982년부터 1994년까지 이루어진 뇌량에 대한 49회의 연구 결과를 종합하여 볼 때에 뇌량의 대상구조에 있어서 남녀 차이는 없다고 밝혔다.[9] 〈그림 9〉와 〈그림 10〉은 49회의 연구에서의 뇌량 대상구조에 대한 남녀 차이를 나타내고 있다. x축은 49회의 연구에 매긴 번호를 나타내며, y축은 각 연구에서 뇌량의 남성 평균값에서 여성 평균값을 뺀 값을 나타낸다. 〈그림 9〉는 대상구조의 면적 차이를 나타내며, 〈그림 10〉은 대상구조의 너비 차이를 나타낸다. 〈그림 9〉와 〈그림 10〉에서 어떤 연구 결과는 남성이 여성에 비해 크고, 어떤 결과는 반대로 여성이 남성에 비해 큰 것을 볼 수 있다.

그림 9. 남녀에 따른 뇌량 대상구조의 면적 차이

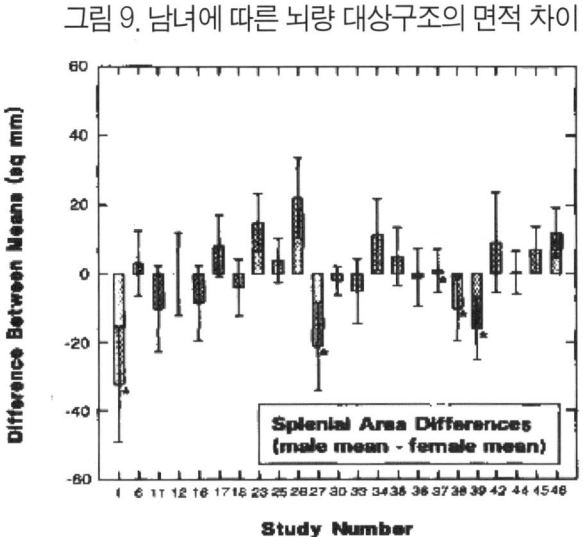

ⓒ Reprinted from Neuroscience and Biobehavioral Reviews, 21(5), Bishop and Wahlsten, "Sex differences in the human corpus callosum: myth or reality?", 588, Copyright (1997), with permission from Elsevier

그림 10. 남녀에 따른 뇌량 대상구조의 너비 차이

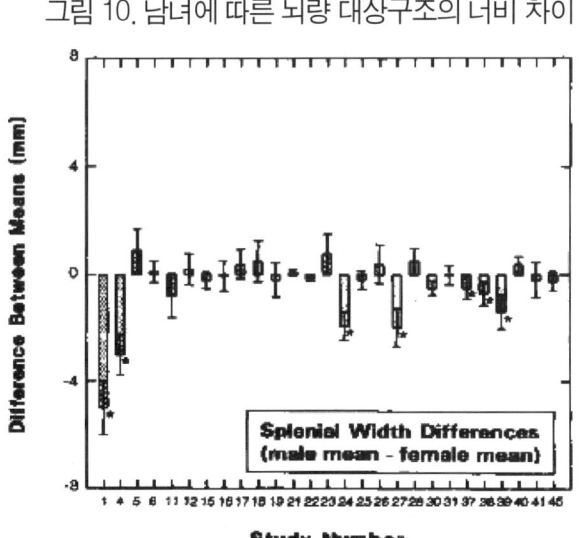

ⓒ Reprinted from Neuroscience and Biobehavioral Reviews, 21(5), Bishop and Wahlsten, "Sex differences in the human corpus callosum: myth or reality?", 588, Copyright (1997), with permission from Elsevier

이처럼 뇌량의 대상구조에 대한 남녀 차이를 나타내는 연구결과들이 서로 상충하므로, 비숍과 왈스텐은 논문에서 뇌량의 대상구조에 있어서 남녀 간 차이가 없다고 결론을 내렸다. 뇌량의 남녀 차이가 없으므로, 당연히 동성애자의 뇌량이 반대의 성과 비슷할 것이라는 주장은 성립할 수 없다. 비숍과 왈스텐은 논문에서 뇌량에 있어서 남녀 간 차이가 존재할 것이라는 잘못된 믿음이 생긴 이유는, 언론이 특정한 연구 결과만을 부각시켰기 때문이지만, 과학자들도 그러한 미신을 만들어내는 데 어느 정도 책임이 있음을 지적하였다.

5. 뇌영상 연구

이제까지는 죽은 사람의 두뇌를 조사하여 남녀 차이와 동성애자와 이성애자 사이의 차이를 조사한 결과들을 언급하였다. 최근에는 살아있는 사람의 두뇌에 대하여 두뇌영상 촬영기술을 사용하여 두뇌 활성화(activation) 패턴을 조사하는 연구가 활발하게 진행되고 있다. 두뇌영상 촬영기술을 사용하면, 천연색으로 두뇌를 스캔한 이미지를 보여주므로 매우 흥미롭다. 두뇌영상 촬영기술은 최신의 기술이어서 그 영상들을 통계적으로 분석하는 방법에 대한 논의가 활발하게 진행 중이다. 이러한 기술을 사용하여 두뇌 활성화 패턴의 남녀 차이 또는 동성애자와 이성애자 사이의 차이에 대한 신뢰할만한 뚜렷한 결과가 나오려면, 시간이 더 필요한 것 같다. 앞에서 정리하였던 것처럼, 성별에 따른 두뇌 차이와 성적 지향에 따른 두뇌 차이에 대한 연구는 서로 상충되는 결과를 얻곤 하였다. 동성애자의 두뇌는 반대의 성을 닮았다는 연구 결과가 나오고, 대략 10년이 지난 후에 그 결과의 오류가 밝혀졌다. 그러므로 어느 정도 시간이 흘러 여러 독립된 연구자에 의해 확증되기 전까지는 두고 보아야 한다.

또한 두뇌영상 촬영기술이 살아 있는 사람의 두뇌를 조사할 수 있는 새로운 방법임에는 틀림없다. 그렇지만, 죽은 사람들의 두뇌를 조사하여 전시상 하부의 간질핵, 전교련, 뇌량 등에서 동성애자와 이성애자 사이의 차이를 발견하지 못하였으므로, 두뇌영상 촬영기술을 사용한다 하더라도 동성애자와 이성애자 사이의 차이를 발견하기는 어렵다고 판단된다.

6. 요약

동성애자의 두뇌는 반대의 성(性)을 닮았을 것이라고 추측하고, 1990년대에 그것을 뒷받침하는 논문들이 발표되었지만, 약 10년이 흐른 후에는 그러한 논문의 오류가 밝혀졌다. 따라서 동성애자의 두뇌가 반대의 성을 닮았다는 것을 분명하게 뒷받침하는 논문은 존재하지 않는다.

1991년에 동성애자인 리베이는 전시상하부의 간질핵인 INAH 3를 조사한 결과, 남성 동성애자는 여성처럼 남성 이성애자에 비해 크기가 작다고 발표했다. 그러나 2001년에 바인 등은 남성 동성애자의 INAH 3가 남성 이성애자에 비해 크기가 작지만, INAH 3 안에 있는 뉴런의 개수는 남성 동성애자와 남성 이성애자 사이에 차이가 없고 여성에 비해 훨씬 많았다고 하였다. 남성 동성애자의 INAH 3 크기가 작은 것은 출생 후의 환경 영향과 에이즈 감염 또는 마약 남용 결과일 수 있다.

1992년에 알렌 등은 남성 동성애자의 전교련 단면이 여성처럼 남성 이성애자에 비해 크다고 발표했지만, 2002년에 라스코 등은 전교련 단면에 있어서 남녀 간의 차이를 발견하지 못하였고 성적 지향에 따른 전교련 단면의 차이를 발견하지 못했다. 1997년에 비숍과 왈스텐은 뇌량의 대상구조에 대한 49회에 걸친 연구 결과를 종합하여, 남녀 간의 차이가 없다고 결론지었다. 뇌량에 대한 남녀 차이가 없으므로, 동성애자의 뇌량이 반대의 성과 비슷할 것이라는 주장도 성립될 수 없다.

죽은 사람의 두뇌를 조사하여 전시상하부의 간질핵, 전교련, 뇌량 등에서 동성애자와 이성애자 사이에 차이를 발견하지 못했으므로, 두뇌영상 촬영 기술을 사용해도 동성애자와 이성애자의 차이를 발견할 가능성은 낮다.

이처럼 두뇌에 관한 연구에서도 동성애자들은 반대의 성을 닮은 두뇌 부분을 갖고 있다는 결과가 발표되고, 약 10년이 흐른 후에 그러한 결과가 잘못되었음이 밝혀지는 양상이 반복되고 있다. 연구 결과가 잘못되었음이 밝혀지는 10년이라는 기간 동안에 불행하게도 서구 사회에는 동성애자들이 선천적으로 다른 두뇌를 갖고 태어난다는 오해가 많이 확산되었다.

유감스럽게도, 1991년 리베이가 수행한 연구 결과가 '동성애는 선천적인 것임'을 나타내는 증거로서 국내 문헌에 많이 인용되어 있지만,[10] 리베이 논문의 문제점과 리베이의 연구 결과를 반박한 2001년 바인 등의 연구 결과는 거의 소개되지 않아서 일반인들에게 동성애는 선천적인 것이라는 왜곡된 정보를 주고 있다.

chapter 5 동성애의 선천성을
주장하는 기타 논리

chapter 5 동성애의 선천성을 주장하는 기타 논리

1. 발생 과정의 문제

동성애가 어머니의 자궁에서 영향을 받아 태어날 때부터 동성애를 하도록 선천적으로 인체구조가 형성되었다는 주장이 있다.

〈그림 11〉은 태아기의 발생 과정에서 생긴 문제로 말미암은 육체적인 장애(예: 언청이, 합지증 등)가 생기는 빈도를 나타내고 있다.[1] 발생 과정에서 생긴 문제로 말미암은 육체적인 장애 빈도(0.4 이하)에 비하여 동성애의 빈도가 6배 정도로 훨씬 큰 것(2.4)을 〈그림 11〉에서 볼 수 있다.

따라서 동성애는 발생 과정의 문제로 말미암아 생겼을 가능성은 매우 낮다.

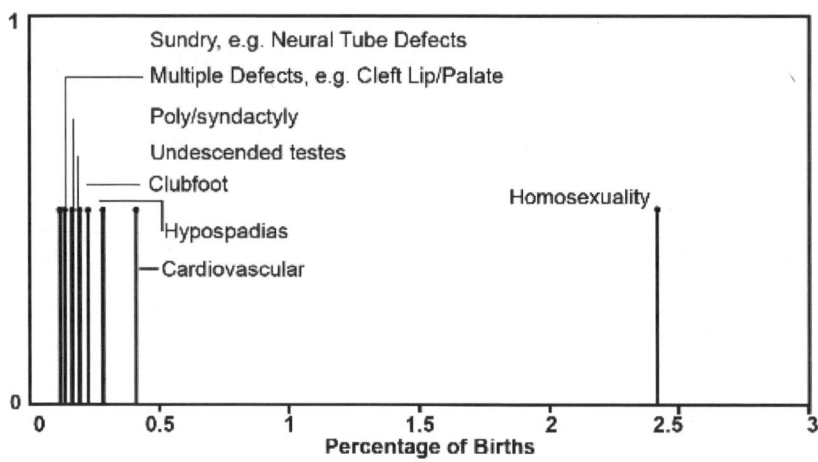

그림 11. 태아기의 발생 문제로 인한 장애 빈도와 동성애의 빈도 비교

ⓒ Reprinted by permission from Whitehead and Whitehead: "My Genes Made Me Do It! Homosexuality and the scientific evidence", copyright (2010)

2. 형이 많을수록 남동생이 동성애자가 될 확률이 증가한다? - 면역이론

동성애가 선천적이라는 증거의 하나로서 형이 많을수록 남동생이 동성애자가 될 확률이 증가한다는 조사 결과가 제시되고 있다. 형이 많을수록 남동생이 동성애자가 될 확률이 증가한다면, 그 남동생은 선천적으로 동성애자가 될 요인을 갖고 태어났다고 보아야 한다는 주장이다. 이를 '형 효과 (older brother effect)'라 부른다. 이러한 형 효과를 나타내는 조사결과가 제법 있지만 대규모 조사로 검증할 필요가 있다.[1] 왜냐하면 소규모로 수행된 동성애자 비율 조사와 일란성 쌍둥이의 동성애 일치 비율 조사에서 편향된 결과가 발표된 적이 있으며, 나중에 오류임이 밝혀졌기 때문이다.

형 효과를 생물학적으로 설명하는 논리는, 어머니가 태아에게 면역반응을 일으켜서 동성애 성향을 갖도록 만든다는 것이다.[12] Rh-를 가진 어머니가 Rh+인 아기를 갖게 되면 첫 번째 아기에게는 아무 문제가 없지만, 첫 번째 아기를 가졌을 때에 어머니 몸에 생성된 항체가 두 번째의 Rh+ 아기를 공격하여 신경에 문제를 일으키는 것처럼, 첫 번째 남자 아기를 가졌을 때에 어머니의 몸에 생겨진 남성에 대한 항체가 두 번째 남자 태아의 뇌를 공격하여 동성애 성향을 갖게 만든다는 것이다. 이러한 현상을 '동종면역 반응(alloimmune reaction)' 이라고 부른다.

1) 형 효과를 부정하는 연구

최근에 형 효과에 의문을 제기하는 논문들이 발표되었다.

2006년에 프리쉬(Frisch) 등이 동성결혼을 등록한 약 이백만 명의 덴마크 국민을 대상으로 조사한 결과, 형 효과를 발견하지 못하였다.[13] 대단위로 이루어진 조사에서 발견하지 못했다는 것은, 이전에 이루어진 소규모 조사에서 대상 선정이 편향되었을 가능성을 시사한다.

2006년에 맥코나쥐(McConaghy) 등은 동성애 경향이 조금 있는 이성애자를 대상으로 조사한 결과에서도, 남성은 형 효과(older brother effect)가 있었고 여성은 '오빠 효과(older brother effect)' 가 있었다.[14] 동성애자가 아닌 이성애자에게서도 출생순서 효과가 발견되었다는 것이 너무 신기하지 않는가!

2) 형 효과에 대한 반론

위에서 언급한 결과들은 형 효과에 대해 의문을 제기하지만, 여기에서는 일단 형 효과가 있다고 가정하고 반박하고자 한다.

잘 알려진 동종면역 반응의 빈도를 살펴보면, 신생아 동종면역 혈소판 감소증(neonatal alloimmune thrombocytopenia)의 빈도는 약 0.04%이고 많아야 0.12%이다. Rh 반응(Rhesus-D problem)의 빈도는 0.1%이고, 호중성 백혈구 감소증(neutropenia)의 빈도는 0.04%이다. 잘 알려진 동종면역 반응은 모두 혈액에 대한 것이며 빈도가 낮다. 동성애자의 비율을 2%로 잡고, 그 중 20%가 '형 효과'에 의한 것이라고 가정하면, 형 효과에 의해 동성애자가 되는 확률은 0.4%이므로 다른 동종면역 반응에 비하여 발현 빈도가 높다.

또한 어머니의 몸에 남성에 대한 항체가 생겼다면, 그 항체가 모유를 통하여 아기에게 안 좋은 영향을 주게 될 것이며, 결국 어머니는 모유 수유를 일찍 중단하게 될 것이다. 그런데 조사에 따르면, 모유 수유 기간은 출생순서에 무관하거나 오히려 출생 순서가 늦은 아이에게 증가하였다.[5] 스웨덴의 북(north) 스톡홀름에서 면역반응에 의해 생길 수 있는 원인 미상의 알레르기성 대장염이 4세 이하의 아기에게 생기는 빈도는 0.0001%에 불과하다.[6] 이러한 결과들은 어머니의 몸에 아기에게 해로운 남성에 대한 항체가 생기지 않았음을 뒷받침한다.

어머니 몸에 생긴 항체가 남성-특이성 단백질에 반응한다면, 가장 남성적인 장기인 고환도 공격해야 하며, 그로 인하여 정액의 질(quality)이 떨어지고 요도하열(hypospadias), 고환 정체(cryptorchidism), 고환암(testicular cancer) 등의 증상이 나타나야 하는데, 위의 증상이 동성애자에게서 일반인보다 더 많이 나타난다는 보고는 없다. 면역 반응의 공격을 받은 태아의 고환에서 요도하열이 생기지 않을 정도로 충분한 양의 남성호르몬인 테스토스테론이 나오면서, 동성애 성향을 갖게 할 정도로 적은 양의 테스토스테론이 나온다는 것은 모순된 논리이다. 고환에 대한 면역반응이 있다면, 가장 흔하게 생길 수 있는 질환은 고환염(orchitis)이다. 그런데 신생아의 고환염이 생기는 빈도는 동성애자의 빈도에 비하면 훨씬 적다. 남성에 대한 면역 반응이 가장 남성적인 인체 기관인 고환을 공격하지 않으면서, 두뇌에 있는 남성적인 부분만 공격한다는 논리는 합리적이지 않다.

또한 어머니 몸에 생긴 항체가 남성적인 장기를 공격한다면 남자 성기의 발달에도 영향을 주어야 한다. 그런데 남성 동성애자의 성기가 이성애자보다 통계적으로 0.8cm 정도 더 길다는 조사 결과도 있다.[7] 또한 태아의 생식기를 공격했다면 남성의 사춘기의 시기가 영향을 받아야 한다. 2006년에 조사한 결과에 따르면, 동성애자와 이성애자 사이에 사춘기의 시기에 있어서 뚜렷한 차이를 발견하지 못했다.[8]

항체가 태아의 뇌를 공격했다면 읽고 쓰는 것에 대한 학습장애도 같이 나타나야 한다.[9] 그런데 남성 동성애자들은 일반인에 비해 오히려 말을 더 잘하며, 학습장애가 없다.[10] 1994년에 어머니와 아들로 이루어진 17,283조에 대해서 어머니의 자가면역 증대가 아이에게 다양한 형태의 신경학적 문제를 일으키는지를 살펴본 결과, 아무런 문제도 발견되지 않았다.[11] 최근에 어머니의 면역 반응에 의해 동성애가 생겼다는 주장을 자세하게 반박한 논문이 발표되었다.[12] 이 분야의 전문가인 구렌(Gooren)의 말에 의하면, "호르몬 이상을 겪은 많은 환자들을 만났지만, 그것이 그들의 성적 지향에 영향을 주었다는 사례는 발견하지 못했다."라고 한다.[13]

동성애를 동종면역 반응으로 설명하는 가설이 옳다면, 남성 동성애자의 남동생이 이성애자가 되었을 때에 어머니의 면역반응에 의해 많은 신체적인 어려움을 겪어야 한다. 그런데 조사에 따르면 늦게 태어난 남자 아기는 체중도 많이 나가고[14] 제1형 당뇨병에도 잘 안 걸리고,[15] 고환암에 걸릴 확률도 낮고,[16] 읽는 능력도 뛰어나서[17] 어머니의 면역반응을 겪은 흔적이 없다. 1996년에 벰(Bem)은 형 효과를 사회적인 학습의 영향으로 해석하였다.[118] 어린 남동생이 나약할 때에 형들의 부정적인 반응이 동성애자로서의 성향을 만들어냈다고 주장했다. 또 다른 논리는 남자 형제 사이에서 흔히 있는 레슬링과 같은 다양한 피부 접촉이 동성애자로 발전하도록 하였다는 것이다.

형 효과의 다른 문제점으로는, 첫째 아들인 남성 동성애자, 여자 형제들만 있는 남성 동성애자, 여성 동성애자는 형 효과로 설명할 수 없다는 것이다. 그러므로 전체 동성애자의 약 17% 정도만 형 효과로 설명할 수 있다.[119]

그러므로 형 효과가 옳다면, 동성애를 갖게 만드는 원인이 적어도 두 가지가 있게 된다. 그런데 이것을 뒷받침하는 증거는 없다. 그리고 형 효과에 의하여 동성애자가 된 사람과 그렇지 않은 동성애자 사이에 아무런 행동의 차이가 없다. 한 쪽은 면역반응에 의해 신경학적으로 손상을 입어 동성애자가 되었고 다른 쪽은 다른 원인에 의해 동성애자가 되었는데, 두 종류의 동성애자들 사이에 아무런 행동의 차이가 없다는 점이 이해가 되지 않는다.

결론적으로 남자 형제간의 '출생 순서 효과'는 확실하게 입증되지 않았으며, 그러한 효과를 생물학적으로 설명하려는 어머니의 면역반응 이론은 여러 문제점을 갖고 있다.

chapter 6 동성애가
유전 및 선천성이 아니라면?

chapter 6 동성애가 유전 및 선천성이 아니라면?

1. 동성애 형성에 영향을 미치는 요인

동성애에 대한 의학적 논의는 19세기에 시작되었다. 이전에는 동성애를 주로 종교적, 도덕적 내지 법적 관점에서 대처하였다. 19세기에 이르러 의학에서는 대개의 신경정신병을 '원발성' 뇌의 질병으로 보고, 그 원인을 신경학적인 뇌세포의 변성(degeneration)으로 추측하기도 하였다. 이러한 뇌의 변성으로 발생하는 신경정신장애로는 노인성 치매(요즘 말하는 알츠하이머 치매), 조발성 치매(정신분열병, 요즘 명칭으로는 조현병), 조울정신병(manic depressive psychosis, 요즘 명칭으로는 양극성 장애), 우울정신병, 망상증, 간질정신병, 히스테리, 성도착증 등을 포함하고 있었다. 이들 병은 대개 유전하며 점차 악화하는 병으로 보았다.

근대 정신의학에서는 20세기 전후 동성애를 프로이트의 정신분석학적 이론에 따라 설명하였다. 그에 따르면 정신성적 발달이 정체되면서 거세 공포, 모성의 압도성에 대한 공포(maternal engulfment fear) 그리고 남근 선망 해결의 실패 등을 원인으로 보았다. 특히 남자 동성애자의 경우에는 어릴 때에 어머니와의 과도한 밀착(attachment), 아버지의 부재, 부모에 의한 남성성(masculinity) 발달의 억제, 성장기 동안 자기애(self-love, narcissism) 단계로의 퇴행(regression) 또는 고착(fixation), 형제(자매)와의 경쟁에서 패배 등이 발견된다. 여성의 경우에는 아버지와의 밀접한 관계가 발견되나 연구된 바가 적다. 최근 새로운 정신분석이론 중 아이세이(Isay)는 이성애자가 3~5세 때 이성과의 성행동 공상을 하듯이 동성애자는 동성과의 성행동에 대해 공상한다고 하였다. 즉, 동성애자는 동성의 부모에게 공상의 초점이 맞춰지므로 여자에서는 어머니가 사랑의 대상(love object)이 되며 이 경향이 어른이 되어도 지속된다는 것이다.[1]

현재는, 정신분석학적 요인 이외에도, 동성애를 일으키는 요인에는 다양한 것들이 제시되고 있다.[2]

첫째, 부모의 잘못된 성역할 모델의 영향일 수 있다. 정상적인 가정에서 올바른 성역할 모델을 하는 부모 밑에서 충분한 사랑을 받지 못하고 자란 자녀에게서 생길 수 있다. 2013년에 하버드대학의 로버트(Roberts) 등은 유년 시절의 신체적 또는 성적 학대 등이 동성애와 상관관계를 갖는다는 역학 조사 결과를 발표하였다.[3]

둘째, 유년기의 불안정한 성정체성 때문일 수 있다. 즉 정서적 환경, 주변의 시선, 발육 부진, 뚱뚱함 등 때문에 친구로부터 놀림과 거절을 경험할 때 정상적인 성정체성이 형성되지 않을 수 있다.

셋째, 다른 사람보다 쉽게 동성애에 빠지게 하는 성격이나 심리적 경향,

반대의 성에 가까운 외모, 목소리, 체형 등의 신체적인 요소 때문일 수 있다.

넷째, 기숙사, 교도소, 군대에서 동성애를 우연히 경험하거나 여성의 경우에 성폭행과 같은 잘못된 성경험 때문일 수 있다. 이러한 경험은 죄책감, 집착, 역공포 방어(counterphobic defense, 경험한 공포를 상쇄하기 위해 그런 행동을 되풀이하고자 한다. 예를 들어 폭주족, 폭력 피해자가 가해자가 되는 것 등) 등의 심리기제와 관련된다. 또한 남성으로부터 성적 학대를 받은 여성은 남성과의 성관계를 피하려고 한다.[4]

다섯째, 동성애를 미화하는 영화, 비디오, 동성애 포르노 등의 문화가 주는 호기심과 충동 때문이다.

여섯째, 동성애를 인정하는 사회 풍토가 죄책감 없이 동성애를 행하게 만든다.

동성애가 타고난 것이 아니고, 유전자에 의하여 동성애자가 결정되는 것은 아니지만, 유전적인 영향이 전혀 없다고 말할 수 없다. 예를 들면 유전자에 의해 남자 아이의 몸이 빈약하다든지, 혹은 여자 아이가 남성적인 몸을 갖게 되면, 동성애자가 되도록 '간접적'으로 영향을 줄 수 있다.

동성애 형성에 영향을 미치는 유전적인 요인과 환경적인 요인에는 구체적으로 어떤 것들이 있는지 살펴보겠다.

1) 유전과의 관련을 시사하는 요인

동성애와 관련하여 유전적인 기원을 가지는 요인들은 다음과 같다. 즉, 예술적인 성향(특히 남성은 운동 능력이 부족할 때), 비정상적인 육체의 모습, 선천적인 성(性) 기형, 간성적인 조건[6], 선천적인 장애, 색다른 것을 찾

---

[6] 간성은 암수 중간의 성징을 나타내는 개체를 뜻한다. 이것은 아주 특별한 경우이며, 대부분의 동성애자는 간성적인 조건을 가지지 않는다.

는 호기심, 비만(특히 여성), 육체적인 장애, 다낭포성(polycystic) 난소, 운동능력 부족(남성), 탁월한 운동능력(여성), 내성적인 성격(남성), 말괄량이 성격(여성), 매력적이지 않은 외모(여성) 등이 그것이다.

2) 환경적 영향을 시사하는 요인

동성애에 관련하여 환경적인 기원을 가진 요인들을 살펴보면 다음과 같다. 입양(유대관계와 본을 배우는데 문제가 생길 수 있음), 우울증의 완화(우울증에서 벗어나려고 동성애적 행위를 함), 사랑의 실패, 왕따 당함(특히 남성), 매력적인 동성과의 우연한 대면 기회, 이혼, 상상(특히 성적인 상상으로 자신을 동성애자로 착각), 매력적인 동성에 대한 부러움, 힘의 과시, 패션(미적인 것을 추구하는 남성), 거절감, 집착, 매력적인 동성애 문화, 동성애 포르노, 동성애자들의 압력, 습관, 자유분방한 사회적인 분위기(시험 삼아 혹은 재미로 하도록 권장), 결혼에 대한 두려움(여성), 어머니로부터의 스트레스(여성), 중년(여성), 비만(여성), 큰 형들(남성), 이성과의 관계 미숙, 가끔 장난삼아 하는 부모의 격려, 성 정체성에 대한 부모의 부정적인 말, 소극성, 정치적인 풍토(동성애자 단체), 부족한 사교 기술(특히 남성), 권위적인 문화 환경, 부모의 반응(무관심 등), 반항심, 범주화(categorization)에 대한 반대(여성), 학교 친구들의 압력(남성, 남성성 부족에 대한 놀림), 쾌락(즐거움을 찾으려고), 성적 학대(남성은 동성에 의해, 여성은 이성에 의해), 성적인 실험, 부끄러움, 편부모 가정, 마음의 벗(여성, 친밀감을 갖고자), 도시 환경(익명의 기회 제공), 언어폭력(특히 성(性) 장애에 대해서) 등을 들 수 있다.

위에서 나열한 것들을 보면, 환경적인 요인이 유전적인 요인보다 훨씬 많으며, 유전적인 요인은 동성애를 하도록 직접 영향을 미치는 것이 아니라

간접적으로 영향을 미침을 알 수 있다.

2. 유전보다 환경/경험

1) 성장환경

자란 환경에 따른 동성애의 빈도를 조사하면 동성애 형성에 미치는 유전적인 요인과 환경적인 요인의 영향 정도를 파악할 수 있다.

1994년에 미국 시카고에서 수행된 조사에서 14~16세의 청소년기를 어디서 보냈느냐와 지난 1년 동안 동성애 상대가 있었는지를 물어 보았다. 〈그림 12〉는 14~16세의 청소년기를 어디서 보냈느냐에 따라 동성애자가 될 가능성이 다름을 보여 준다.[11] 지난 1년 동안 동성애 상대가 있었던 남성 중 시골에서 자란 경우는 1.2%이고, 중소도시에서 자란 경우는 2.5%이고, 대도시에 자란 경우에는 4.4%이었다. 지난 1년 동안 동성애 상대가 있었던 여성은 시골에서 자란 경우는 0.7%이고, 중소도시에서 자란 경우는 1.3%이고, 대도시에 자란 경우에는 1.6%이었다. 즉, 청소년기를 큰 도시에서 보내면 동성애자가 될 확률이 높고 시골에서 지내면 동성애자가 될 확률이 낮음을 보여 준다. 시골에서 자란 경우에는 유전적인 요인만 영향을 미쳤다고 가정하고, 대도시에 자란 경우와 시골에서 자란 경우의 차이는 환경적인, 즉 후천적인 요인이라고 가정하면, 후천적인 요인이 유전적인 요인보다 더 영향을 미친다는 것을 〈그림 12〉로부터 알 수 있다. 2006년에 200만 명의 덴마크 사람들을 대상으로 행한 조사에서도 도시에서 태어난 자가 시골에서 태어난 자보다도 동성애 상대를 가지고 있는 비율이 높은 것으로 밝혀졌다.[12] 따라서 여러 설문조사의 결과를 통하여 동성애는 유전적인 요인보다는 자란 환경, 즉 후천적인 요인의 영향을 더 받는 것으로 볼 수 있다.

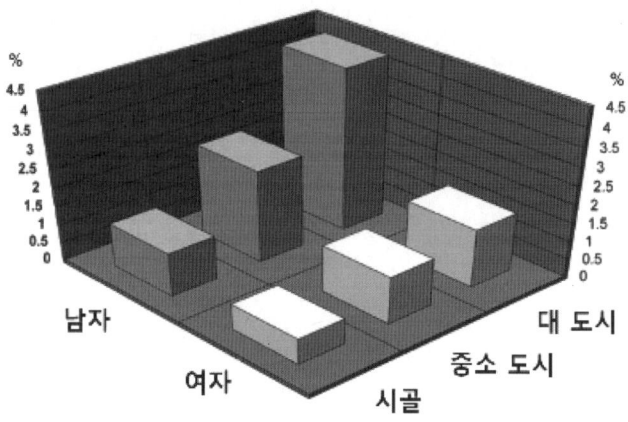

그림 12. 청소년기를 보낸 장소와 동성애 빈도 비교

ⓒ Reprinted by permission from Whitehead and Whitehead: "My Genes Made Me Do It! Homosexuality and the scientific evidence", copyright (2010)

2) 연령 증가에 따른 동성애 경향의 감소

동성애가 유전에 의해 선천적으로 결정되는 것이라면, 나이가 들어도 동성애자의 비율은 감소하지 말아야 한다. 왜냐하면 나이가 들어도 동성애자의 몸에 있는 유전자는 바뀌지 않기 때문이다. 그런데 설문조사에 의하면, 〈그림 13〉과 〈그림 14〉에서 같이 남성 동성애자와 여성 동성애자의 비율이 나이가 많아질수록 급격히 감소하는 것을 볼 수 있었다.[1] 50대 동성애자 비율은 30대 동성애자 비율의 절반 이하로 떨어진다. 동성애의 기준을 '지난 일 년 동안 동성과 성관계(SS activity)를 가졌느냐'로 잡으면 잘못된 조사 결과를 낳을 수도 있다. 왜냐하면 동성애자들의 모임에서는 용모와 젊음을 강조하므로 중년이 지나면 상대를 만나기 어렵기 때문이다. 하지만, 〈그림

13)과 〈그림 14〉를 보면 성적 끌림(SS attraction)과 성정체성(SS identity)에 의한 조사 결과에서도 나이가 많아질수록 감소하는 것을 나타낸다. 또한 1948년과 1953년에 수행된 킨제이의 연구 결과에서도 나이가 많아지면 동성애적 성향과 활동의 비율이 이성애자들과 비교하였을 때에 감소하는 것을 볼 수 있었다.[2,3] 이러한 결과로부터 이성애는 나이가 들더라도 큰 변화가 없는 반면에, 동성애는 젊은 시절에 강력하게 나타나다가 나이가 들면 급격히 감소하는 특성을 가짐을 알 수 있다.

이렇게 나이가 많아지면 동성애자의 비율이 감소하는 것으로부터, 동성애가 육체에 내재된 생물학적인 요인에 의해 결정되어진 것은 아님을 유추할 수 있다.

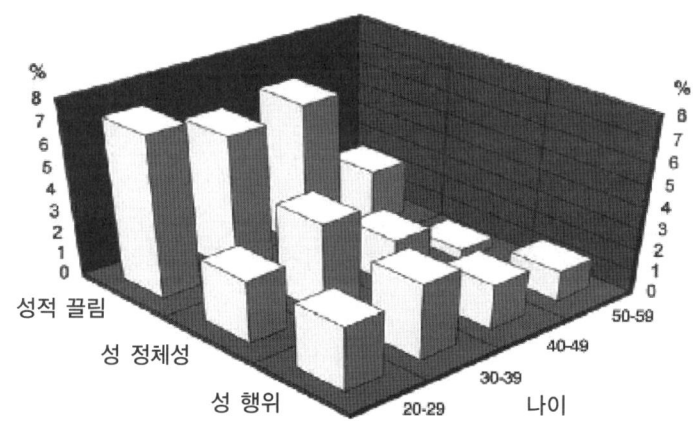

그림 13. 남성 동성애자 비율의 나이에 따른 변화

ⓒ Reprinted by permission from Whitehead and Whitehead: "My Genes Made Me Do It! Homosexuality and the scientific evidence", copyright (2010)

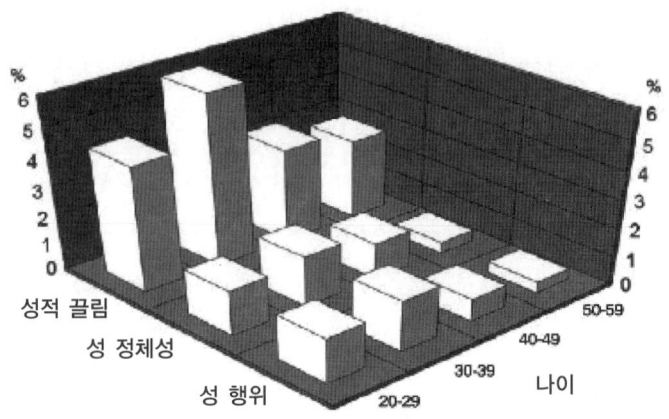

그림 14. 여성 동성애자 비율의 나이에 따른 변화

ⓒ Reprinted by permission from Whitehead and Whitehead: "My Genes Made Me Do It! Homosexuality and the scientific evidence", copyright (2010)

3. 환경/경험이 두뇌에 미치는 영향

예전에는 타고난 두뇌의 구조가 행동을 지배한다고 보았는데, 이제는 집중적인 훈련과 같은 행동(학습, 경험 등)에 의해 두뇌가 바뀐다고 본다. 신경학자들은 두뇌의 구조가 임신 기간 동안 완전히 결정된다고 보지 않는다. 남녀의 두뇌 기능의 차이는 유전에 의해 태어날 때 정해지지 않으며, 자궁 안에서는 경험을 거의 하지 않기 때문이다.

신생아의 두뇌에서 남녀 간에 뚜렷한 구조적인 차이를 발견하지 못했다. 신생아는 성인 두뇌 크기의 1/4 정도이다. 신생아일 때에 남자가 여자의 두뇌보다 5% 정도 더 무거운 것 외에는 남자와 여자의 두뇌의 성질과 기능 뿐 아니라 행동 양식도 거의 같다. 여기서 강조하고 싶은 것은 신생아 남녀의 생식기는 분명한 차이를 보이는 반면에, 두뇌와 관련된 차이는 거의 없다는 것이다.

태어난 이후에 겪는 학습, 경험, 행동 등에 의해 두뇌가 형성된다고 본다. 두뇌 학자인 쇼츠(Shatz)의 말에 의하면, 소아기 때의 자극과 훈련(학습, 경험 등)에 의해 집중적으로 신경망이 형성된다.[1] 가장 빠를 때는 1초에 2백만 개의 새로운 신경망이 연결된다. 1세 때에 어른 두뇌 크기의 70% 정도가 되며, 출생 이후 3세까지 대부분의 두뇌 신경망이 형성된다고 한다. 성인 두뇌 신경세포인 뉴런(neuron)의 25%는 태어날 때에 존재하지만, 75%는 태어난 이후에 학습, 경험, 훈련, 행동 등에 의해 형성된다고 볼 수 있다. 또한 자궁 안에서는 경험을 거의 하지 않고, 태어난 이후에 많은 자극을 집중적으로 받기 때문에 두뇌 미세구조의 90% 정도가 태어난 이후에 받은 환경의 영향에 의해 형성된다고 볼 수 있다.

신생아의 남녀 간 두뇌와 행동 양식에는 차이가 없지만, 2~4세 정도가 되면 남녀의 두뇌 구조에 차이가 나타나며 행동 양식에도 차이가 나타난다. 하지만 행동 양식의 차이가 두뇌 차이에서 비롯되었다는 증거는 없다. 이러한 차이는 학습, 경험 등의 환경적인 영향으로 본다. 즉 신생아의 성(性)을 아는 순간 주위 사람들이 신생아 남녀를 각각 다르게 대우하므로, 행동 양식의 차이가 다른 사회화(socialization)에 의한 결과일 수 있다. 두뇌 학자 바인(Byne)은 "성에 따른 차이를 나타내는 인식 또는 행동에 관련된 두뇌 기능이 학습 또는 경험과 무관하게 이루어졌다는 증거는 없다."고 말했다.[2]

이러한 사실은 학습, 경험 등에 의해 이미 형성된 두뇌의 구조를 얼마든지 변화시킬 수 있음을 시사한다. 경험에 따라 새로운 뉴런 경로가 형성되며 과거의 것은 바뀐다. 따라서 집중적인 훈련, 상상 등이 두뇌의 미세 구조까지도 바꿀 수 있다.

두뇌 구조는 운명이 아니며, 항상 변화가 진행되고 있다. 즉, 두뇌 구조가 우리의 행동을 좌우하는 것이 아니고, 우리의 두뇌 구조를 만드는 주체는 우리 자신이다. 우리는 타고난 두뇌 구조가 우리에게 아무런 영향을 미치지 않는다고 주장하는 것이 아니다. 실제로 상당한 영향을 미치고 있다. 그렇지만 타고난 두뇌 구조가 얼마든지 바뀔 수 있으며, 우리는 아직 그 변화의 한계를 모른다.

두뇌가 변화되는 구체적인 과정을 알지 못하지만, 우리의 두뇌를 변화시키는 주체는 우리 자신이라고 볼 수 있다.

1) 경험이 두뇌 구조에 미치는 영향

두뇌는 계속해서 재프로그래밍(reprogramming)을 하는 컴퓨터와 같으며, 어린 나이일수록 더욱 그러하다. 연습을 통하여 자극을 가하면 특정 신경회로가 강화되고 어느 정도 영구적이 되지만, 사용하지 않으면 그 신경회로는 결국 소멸된다. 어떤 경우에는 특정한 자극을 특정 기간에 가하는 것이 중요하다. 예를 들면, 특정 어린 시절에 빛을 보지 못하면 그 아이는 결국 시각장애인이 된다. 반면에 성인이 몇 주 동안 빛을 보지 않는다고 해서 그러한 문제가 생기지 않는다.[8] 5세 이후에는 두뇌의 크기에 큰 변화는 없지만 두뇌의 내부 구조는 계속해서 변한다.[9] 20대 초반까지 두뇌의 성숙이 진행되며, 이 기간에 신경세포(neuron)가 자라기도 하고 제거되기도 하는 과정을 겪는다. 경우에 따라서 이 과정이 몇 달, 혹은 몇 년이 걸린다. 이러한 사실에서 얻을 수 있는 중요한 교훈을 말하면, 청소년의 성적 지향을 너무 확정적으로 규정하지 말라는 것이다. 청소년은 계속해서 변하기 때문에 너무 단정적으로 자신을 동성애자라고 낙인을 찍어서는 안 된다.

성인의 두뇌도 훈련에 의해서 변할 수 있다. 원숭이 실험에서 손가락을 계속 사용하도록 했을 때 그 손가락을 사용하는 두뇌 부분이 커지고 다른 부분은 작아졌다.[5] 바이올린 연주자는 왼쪽 손의 손가락에 관련된 두뇌 부분이 커지며, 저글링(juggling)을 하지 않던 사람이 3개월 동안 저글링을 하면 관련된 두뇌 부분이 커지고, 저글링을 중지하면 원래의 크기로 되돌아갔다.[5] 여섯 살 이전에 적어도 15개월 이상 음악 훈련을 한 아이의 뇌량이 그렇지 않은 아이에 비해 컸다.[6] 더 중요한 것은 어떤 육체적인 기술을 정신으로만 연습하여도 실제로 하는 것과 똑같은 효과를 일으킨다는 점이다. 즉, 어떤 것을 생각하는 것만으로도 두뇌에 변화를 일으켰다. 예를 들어서, 인터넷 중독인 경우에 어떤 육체적인 기술을 익힌 것이 아니고 단순히 두뇌의 활동을 하였음에도 불구하고 두뇌의 회백질에 변화가 발견되었다.[7] 마찬가지로 사람들이 성행위에 대한 상상을 자주 하여도 두뇌에 변화가 생길 수 있다. 브리드러브(Breedlove)는 성경험이 쥐의 뇌 신경세포의 크기를 15~20% 변화시켰다고 밝혔다.[8] 런던의 택시 운전수는 내비게이션에 관련된 두뇌 부분이 커졌지만, 정해진 경로만 운행하는 런던 버스 운전수의 해당 부분은 커지지 않았다. 그리고 택시 운전수도 은퇴 후에는 과거에 컸던 부분이 도로 작아졌다.[9] 택시 운전수는 그렇게 타고난 것이 아니고, 내비게이션을 사용하는 두뇌 부분을 많이 사용함으로써 발달되었고, 지속적으로 사용해서 그 부분을 유지하였을 뿐이다. 이처럼 우리가 어떤 일을 지속적으로 반복하면 두뇌의 미세구조까지 변화시킬 수 있다. 특히 성행위처럼 즐거움을 느끼면서 반복하면 더욱 그러하다. 그러므로 동성애자들의 두뇌에 차이가 난다면 반복적인 성행위의 결과일 수 있다.

외부 환경 자극이 두뇌를 변화시킨다는 증거들이 많이 있다. 충격적인 큰 사건을 겪은 후에 생기는 외상 후 스트레스 장애(post traumatic stress disorder)는 환자의 대뇌변연계 앞쪽에 변화를 일으킨다.[110] 어린 시절에 겪은 스트레스와 학대가 뇌량(corpus callosum), 해마(hippocampus), 왼쪽 신피질(neocortex), 편도체(amygdala)에 영향을 미친다는 연구 결과도 있다.[111] 보호시설에서 자란 아이가 얼마나 오랫동안 보호시설에서 살았느냐에 따라 편도체의 변화가 달리 나타났다.[112] 대부분의 이러한 변화는 영향을 받은 부분을 위축시켰다. 성적 학대를 받은 여자 아이의 경우에는 학대를 받은 나이에 따라서 두뇌 변화가 달랐다. 성적 학대를 받은 나이가 9~10세이면 뇌량에 변화가 나타났고, 14~16세이면 전두 피질에 변화가 나타났다.[113] 그러므로 지속적인 성경험이 당연히 두뇌에 영향을 미친다고 볼 수 있다.

2) 두뇌의 가소성(plasticity)

2007년에 도이쥐(Doidge)는 '두뇌는 스스로 바뀐다.' 라는 책에서 두뇌의 가소성(plasticity)에 대해 자세히 설명하면서, "두뇌는 불변한다는 20세기의 신념을 버리라."고 했다.[114] 어떤 특정한 습관이나 행동 양식에 고착된 이들에게는 굉장히 희망적인 소식이다. 예를 들어, 손이나 발을 절단한 후에도 마치 손이나 발이 여전히 있는 것처럼 느끼는 통증 환자의 절반 정도가 그 가상의 손이나 발이 다른 장소에 있다고 반복적으로 오랫동안 상상함으로써 그 통증에서 벗어나게 되었다. 즉, 상상만으로 통증에 대한 두뇌의 인지를 바꾸었다. 그는 "집요한 훈련이 약하게 작동하던 두뇌의 부분을 강화시키고 두뇌의 미세 구조가 바뀌는 것을 관찰할 수 있다."고 했다. 물론 훈련의 강도는 엄청난 피로를 느낄 정도로 아주 강력하게 해야 한다. 또한 도이쥐는 동시에 자극을 받는 뉴런들이 한 덩어리로 작동한다는 신경학적인 원리를 제시하였다. 예를 들어, 성(性)과는 관련이 없는 신체의 일부분을 자주 성적 흥분과 연관을 지으면, 결국 그 신체의 일부가 성적 흥분을 일으키게 만든다는 것이다. 예로서, 발(feet)에 대한 성적인 집착이 이렇게 생길 수 있다고 본다. 이처럼 성적 흥분과 함께 동성을 향한 강한 감정적인 집중을 자주 반복하게 되면, 동성애가 마음 속 깊이 뿌리박힌 것처럼 느끼게 될 수 있다는 것이다. 그렇지만 두뇌의 가소성 때문에 동성애자는 얼마든지 이성애자가 될 수 있으며, 이성애자도 동성애자가 될 수 있다. 그런데 그러한 변화는 얼마나 집요하게 훈련을 하느냐에 달려 있으며, 악기 연주자가 새로운 악기를 완전히 습득하기 위하여 할애하는 훈련 정도의, 집중적이고 꾸준한 노력이 필요하다.

도이쥐는 다양한 기술과 행동 양식은 두뇌의 특정 부위와 관련이 있지만, 이러한 연관성도 계속 변할 수 있음을 강조하였다. 예를 들어, 두뇌의 한 부분을 갑자기 사용할 수 없게 되면, 잃어버린 기능을 회복하기 위하여 그 주위의 부분들이 대신 활성화되어 잃어버린 기능을 담당하게 된다는 것이다. 도이쥐는 두뇌의 가소성을 이렇게 한 마디로 말했다. "사용하라. 그렇지 않으면 잃게 된다." 우리가 생각하든지 행동하면 관련 신경회로를 강화시키지만, 만약 사용하지 않으면 그 신경회로의 기능을 잃어버리게 된다는 뜻이다. 두뇌의 어떤 부분이 특정한 성적 행동과 밀접한 관계가 있다 하더라도 그것을 바꿀 수 있다. 몇 달 동안 악기 연주와 같은 다른 활동에 몰두해서 특정한 성적 행동을 중지하면 두뇌의 관련 부분에 상당한 기간 동안 자극을 주지 않게 되므로 두뇌의 특정 부분에서 발생하는 성적 반응 강도를 줄일 수 있다. 물론 그러한 결과를 얻기 위해서는 악기 연주를 배울 때처럼 사람에 따라 몇 달의 시간이 걸릴 수 있다.

두뇌의 가소성은 성적 행동에 관련된 두뇌 구조에도 적용될 수 있다. 중년의 성적 자극에 대한 두뇌 활동이 젊은 사람에 비해 약하다는 것을 MRI를 이용하여 확인하였다.[115] 도이쥐는 "인간의 성욕은 거의 변하지 않는 생물학적인 본능이 아니라 상당히 변덕스러우며, 현재의 심리 상태와 과거의 성경험에 의해 쉽게 변한다."고 말했다. 성적 감정과 사랑에 관해서도 '사용하지 않으면 잃어버리게 된다.'는 두뇌의 원리가 적용되므로, 동성애에도 똑같이 적용된다고 본다. 우리가 아주 훈련을 많이 하면 행동이 거의 자동적으로 이루어진다. 예를 들면 충분하게 훈련하면 자동차 운전, 무술 고단자의 행동, 악기 연주 등을 거의 자동적으로 수행할 수 있게 된다. 그래서 위에 언급한 것과 같이 고도로 숙련된 사람들의 두뇌를 죽은 후에 살펴보면, 일반인과는 확연히 다름을 확인할 수 있다. 마찬가지로 특정한 성적 지향에 깊이 빠지면 마치 그 성적 지향이 선천적인 것처럼 느껴진다. 하지만 그 성적 지향이 선천적인 것이 아니라 특정한 성적 행동을 오랫동안 지속적으로 하였기에 선천적인 것처럼 느껴지는 것뿐이다.

따라서 태어날 때에 특별한 두뇌를 가져서 어쩔 수 없이 동성애자가 되었다는 주장은 맞지 않다. 현재까지 동성애자와 이성애자의 두뇌 사이의 차이점을 확실하게 나타내는 연구 결과가 없지만, 만약 동성애자와 이성애자의 두뇌 사이에 차이점이 발견되었다고 하더라도, 그 차이점은 타고난 것이 아니라 동성애자로서의 삶을 오랫동안 살았기 때문에, 또는 동성애자들이 반대의 성(性)처럼 생각을 지속적으로 해 왔기 때문이라고 현대 신경학자들은 해석한다. 왜냐하면 두뇌의 구조가 매우 유연하게 변화하는 것으로 밝혀졌기 때문이다.

4. 의지적 선택

1) 경험의 영향

앞에서 쌍둥이의 동성애 일치 비율이 대략 10% 정도로 굉장히 적음을 보았다. 그러면 무엇이 쌍둥이 중에서 한 명만 동성애자가 되게 만들었는지 궁금하다.

그 이유로 대개 두 가지를 생각해 볼 수 있다. 그 첫째는, 쌍둥이가 서로 공유하지 않는 개별적인 경험이라고 볼 수 있다. 개별적인 경험의 예를 들면, 쌍둥이가 똑같은 사건을 경험하지만 그 사건을 다르게 인지하고 받아들이며, 똑같이 부모의 양육을 받지만 부모의 양육을 다르게 해석하기도 한다. 쌍둥이 중 한 명만 특이한 경험을 할 수도 있다. 예를 들면, 우연히 동성애 포르노를 본다든지, 친구로부터 동성애 유혹을 받는다든지 등이 그것이다. 성경험은 은밀하게 진행되며 강력한 인상을 준다. 또한 우리의 두뇌는 일상적이지 않은 특이한 것에 대해 강력한 인상을 받고 오랫동안 기억을 한다. 이와 같이 서로 공유하지 않는 개별적이고 특이한 개인 경험이 한 사람만 동성애자를 만든다고 볼 수 있다.

2) 의지적 선택

둘째는, 쌍둥이 각 개인이 결정한 의지적 선택에서의 차이다. 이것이 쌍둥이 중에서 한 명만 동성애자가 된 주된 이유라고 본다. 인간에게는 동물과 달리 환경이나 요인을 받아들이거나 거부할 수 있는 의지와 절제력을 가지고 있다. 자신에게 다가온 유혹, 색다른 경험을 받아들여 동성애자의 길로 갈 수도 있고, 혹은 그것들을 의지적으로 거부하여 멀어질 수도 있다. 즉, 사람의 행동은 환경이나 요인에 의해 결정되는 것이 아니고, 환경이나 요인 중에서 자신의 선택이라는 '여과망'을 통과한 것만 그 사람의 마음과 행동에 영향을 미친다. 이러한 '선택과 거부' 기전 때문에 일란성 쌍둥이가 비록 같은 환경에서 동일한 경험을 할지라도 자신의 의지와 선택에 따라 한 사람은 동성애자가 되고 한 사람은 동성애자가 되지 않는다. 일란성 쌍둥이의 낮은 동성애 일치 비율은 유전적, 선천적, 후천적인 요인보다는 자신의 의지와 선택에 의한 결단이 동성애 형성에 큰 영향을 준다는 것을 암시한다.

동성애를 유발하는 여러 요인들이 동성애자가 되도록 영향을 미쳤을 수는 있지만, 그러한 요인들이 결정적인 것이어서 어쩔 수 없이 동성애자가 되었다고 말하면 안 된다. 왜냐하면 인간에게는 환경이나 요인을 충분히 이길 수 있는 의지와 절제력이 있으며, 동일한 환경이나 요인을 가진 사람 중에서 극히 소수만 동성애자가 되기 때문이다. 그러므로 그러한 환경이나 요인으로 자신의 동성애를 합리화하는 것은 옳지 않다. 실제로는 동성애자가 되는 기저에 환경이나 요인에 반응하여 동성애자가 되겠다고 결단하는 자신의 의지적 선택이 있다. 동성애자가 되는 과정에 자신의 의지적 선택은 전혀 없었으며, 오직 생물학적 요인이나 환경 등에 의해 어쩔 수 없이 동성애자가 되었다는 변명이나 주장은, 동성애를 합리화하기 위해 인간으로서의 고귀한 가치인 자유의지를 포기하고 동물이나 로봇과 같은 존재로 자신의 존재가치를 낮추는 것이라고 본다.

대다수의 동성애자들은 자신에게 주어진 생물학적인 성(性)과 부합하는 유전자, 성기관, 내분비계 등을 갖추고 태어난다. 즉, 동성애자들의 유전자, 성기관, 내분비계 등을 관찰해 보면, 반대의 성을 닮은 요소보다는 현재 생물학적인 성을 닮은 요소가 훨씬 많다. 태아기의 호르몬 등의 선천적인 요인이 정상인의 평균과 조금 다를 수는 있지만, 대부분의 육체적인 기능과 기관은 정상인과 같다. 동성애자들은 자신의 생물학적 성과 부합하는 유전자, 성기관, 내분비계 등을 갖추고 태어났음에도 불구하고 반대의 성을 가진 것처럼 행동하기 때문에, 동성애 자체가 선천적으로 주어진 육체의 엄청난 영향, 즉 유전자, 성기관, 내분비계 등 육체에 내재된 생물학적인 요소들의 영향을 무시하고 얼마든지 자신의 행동을 결정할 수 있음을 보여 주는 좋은 사례이다. 역설적으로 동성애 자체가 선천적인 요인보다는 의지적 선택이 행동양식을 결정한다는 것을 잘 나타낸다.

3) 강한 의존성

동성 간의 성관계에서도 이성 간의 성관계와 유사한 성적 쾌감을 주므로, 동성애를 경험한 후에 다시 하고 싶은 마음을 일으킨다. 알코올, 마약, 도박 등에 의존하는 이유가 그것들을 경험했을 때에 느끼는 쾌감 때문인 것처럼, 동성애로부터 얻는 쾌감이 동성애에 빠지게 만드는 것이다. 그렇지만 동성애로부터 쾌감을 얻었고, 다시 하고 싶다고 해서 동성애 경향을 타고 났다고 오해하면 안 된다. 누구든지 동성에 의해 성적 자극을 받아도 쾌감을 느낄 수 있다.

동성애는 두 인격체 사이에 이루어지기에, 육체적 쾌감뿐만 아니라 정서적 친밀감을 나눌 수 있고, 동성애 상대자로부터 보호, 배려, 경제적 도움 등을 받을 수 있다. 이러한 이유와 또 동성애 상대자가 관계를 지속하기 원하며 유혹하기에, 동성애는 다른 의존보다도 더 끊기 어렵다. 그러므로 처음에는 자신의 의지적 선택으로 동성애를 받아들였지만, 나중에는 빠져 나오고 싶어도 빠져 나올 수 없는 소위 중독 상태에 이른다.

결론적으로 부모(잘못된 성역할 모델, 무관심, 과도한 애착), 친구(놀림, 왕따), 경험(우연한 동성애, 성폭행), 문화(음란물, 동성애를 미화하는 영화와 TV 프로그램), 사회 풍토(권장하는 교육) 등의 후천적인 요인과 신체적인 요소(외모, 목소리, 체형), 성격, 이성에게 호감이 가지 않는 외모 등의 선천적인 요인에 의해 동성애 성향(씨앗)이 마음에 형성될 수 있다. 후천적인 요인이 선천적인 요인보다 더 영향을 미치며, 선천적인 요인은 간접적이다. 또한 어릴 때에 형성된 동성애 성향은 확정적이지 않고 유동적이다. 하지만 자신의 의지적 선택에 의해 동성애 성향을 거부하지 않고 받아들여서 행동을 옮기게 되면 동성애 성향이 마음에 자리를 잡고 강화되며, 강한 의존성에 의해 동성애 행위를 반복함으로써 동성애라는 성적 행동양식이 형성된다고 볼 수 있다.

chapter 7 오해와 진실

chapter 7 오해와 진실

1. 동성애가 선천적임을 주장하는 이유

앞에서 자세히 언급한 것처럼 20세기 말부터 동성애는 유전이며 선천적인 것이라고 오해하게 만드는 논문들이 지속적으로 발표됨으로써, 동성애자 뿐 아니라 서구의 많은 사람이 동성애는 타고난 것이라고 인식하게 되었다. 그러나 약 10년이 흐른 후에는 편향된 의도로 소수만 표집하여 실시한 조사 결과를 기초로 주장되었던, 동성애의 선천성을 뒷받침한 과학적 근거들은 무너졌다.

그런데 불행하게도 동성애의 선천성을 주장한 근거한 오류임이 밝혀지는 10년이라는 기간에 서구 사회에 동성애는 타고난 것이라는 오해가 확산되었다. 의도적으로 왜곡시킨 과학적 자료들을 올바른 것으로 받아들인 많은 일반인들에게 엄청난 영향을 미쳤다. 동성애자들이 원하는 대로 서구의 많은 사람들이 동성애가 선천적으로 결정되는 성향이라고 받아들이게 되었으며, 동성애도 피부색, 인종처럼 타고난 것이기에 차별해서는 안 되고 정상으로 인정해야 한다는 인식이 확산되었다. 그래서 자신의 의지로 선택한 행위에 대해 스스로 책임을 가져야 한다는 기존의 동성애 반대자들의 의견은, 유전적으로 결정되어 그렇게 행동하는 사람들을 차별한다는 이유로 거부되었다. 이러한 잘못된 인식은 서구 사회의 법, 정책, 교육에 반영되어 동성애를 옹호하고 확산시키는 방향으로 작용하였다. 심지어 동성애를 비윤리적이라고 보는 사람들이 거꾸로 처벌받는 법과 제도가 제정되고 있다. 객관적이어야 할 과학 자료가 왜곡되어져서 부도덕하고 반사회적인 특정 집단에 유리한 법을 만드는 데 근거 자료로 활용되는 사태가 결단코 있어서는 안 된다.

그럼에도 불구하고 동성애를 타고난 것이라고 입증하려는 동성애자들의 노력은 계속되고 있다. 이처럼 연구결과들이 왜곡되는 밑바닥에는 동성애가 선천적인 것이라고 인정되기를 바라는 동성애자들의 집요한 노력이 숨겨져 있다. 그들이 동성애가 유전되고 선천적이라고 주장하려고 애쓰는 이유는 무엇일까? 몇 가지 이유를 소개하겠다.

첫째, 어쩔 수 없이 동성애를 할 수 밖에 없는 몸을 갖고 태어났다고 변명함으로써 동성애에 대한 다른 사람의 비난을 피하고 자기합리화를 하기 위해서이다. 동성애에 대한 다른 사람의 도덕적 비난도 모면하고 자신이 느끼는 죄책감에서 벗어나 떳떳하게 동성애를 하고 싶은 것이다.

둘째, 동성애를 끊으려고 많이 노력했음에도 불구하고 번번이 실패하다 보면, 자신이 동성애적 소인을 갖고 출생했다는 착각하는 것이다. 그러나 이는 선후가 뒤바뀐 것이다. 어떤 행동을 수없이 반복하면 습관이 되고 중독이 되어 자신도 끊을 수 없는 상태가 된다. 예를 들면, 처음에는 자신이 선택하여 술을 마시지만 나중에는 술을 마셔야만 되는 알코올 중독자가 된다. 마찬가지로 동성애도 이성애와 유사한 성적 쾌감을 주므로, 동성애를 반복해서 경험하면 중독 현상을 일으킨다. 따라서 동성애자들은 강한 중독성으로 인하여 선천적으로 동성애자로 태어났다고 착각하게 된다.

셋째, 차별금지법 안에 동성애를 차별금지 사유로 넣기 위해서라고 생각된다. 대다수 사람들은 태어날 때부터 결정되어 자신의 의지로는 어쩔 수 없는 것들을 이유로 차별해서는 안 된다는 인식을 갖고 있다. 그러므로 동성애가 타고난 것으로 오해하게 만들기만 하면, 태어날 때부터 결정되는 성별, 인종, 피부색 등과 함께 차별금지법 안에 차별금지사유로 들어갈 수 있다. 동성애가 차별금지법 안에 들어가면, 부록에 자세히 기술한 대로 동성애가 '정상'이라고 법적으로 공인되고, 동성애를 비도덕적이라고 인식하는 사람들을 처벌하여 그 입을 막아버릴 수 있다. 결국 동성애자들의 낙원이 되는 것이다. 실제로 구미의 많은 사람들이 동성애를 옹호하는 단체들과 학자들의 의도대로 동성애는 타고난 것이라고 오해하게 되었고, 동성애가 차별금지법에 들어가서 동성애자들의 낙원이 되었다. 한국에서도 똑같은 방법으로 동성애자의 낙원을 만들려고, 동성애는 타고난 것이라는 주장을 온라인과 드라마 등에서 집요하게 홍보하고 있다. 걱정스러운 점은, 많은 사람들이 동성애자의 의도를 알지 못하고 동성애는 타고난 것이라는 주장에 동조하고 있다는 것이다.

그렇지만, 다행스럽게도 최근의 연구 결과들이 동성애는 타고난 것이라는 주장이 잘못되었음을 분명히 규명하였기에, 서구 사람들이 1990년대에 왜곡된 과학 자료를 믿고 당했던 것과 같은 실수를 우리는 반복하지 않을 수도 있게 되었다.

2. 유전적인 영향과 무관하게 비정상은 비정상

동성애를 포함한 인간의 모든 행동 양식은 유전적인 요인, 선천적인 요인, 환경, 경험, 우연한 사건 등의 영향을 받는다. 동성애도 비록 간접적이며 미약하다 하더라도 유전적인 영향을 받는다. 그런데, 이러한 유전적인 영향이 있다고 해서 동성애를 정상이라고 주장하면 안 된다.

앞에서 쌍둥이의 비교 연구를 통하여 동성애에 대한 유전적인 영향의 상대적 비율을 계산하였다. 유전적 영향의 상대적 비율의 의미는 본인의 의지적인 선택을 제외하고 동성애 형성에 영향을 미치는 여러 요인들의 영향에 대한 '상대적인 비율'을 뜻한다. 그러므로 유전적인 영향의 비율이 22%이라고 해서 행동양식의 22%가 유전에 의해 좌우된다는 의미는 전혀 아니다.

쌍둥이의 비교연구에 따르면, 교회 출석에 대한 유전적인 영향의 비율이 22% 정도 된다고 한다.[1] 그러면 교회 출석이 어느 정도는 유전이란 말인가? 물론 그렇지 않다.

다른 예로서 쌍둥이 비교연구를 통하여 유전적인 영향의 비율이 50% 되는 다른 예를 열거하면, 이혼,[2] 우울증,[3] 이타심,[4] 광적인 신앙,[5] 정신병원 입원,[6] 알코올중독,[7] 동성애 공포증[8] 등이 있다.

그러나 이러한 결과를 보면서 위에서 나열한 것들이 유전에 의해 결정되어 어쩔 수 없이 하는 것이라고 주장하면 안 된다. 단지 위의 특성들에 대해 유전적인 요인의 상대비율이 높다는 것을 나타낼 뿐이다. 예로서, 이혼을 하면서 유전에 의해 어쩔 수 없이 했다고 주장을 한다면, 누가 그러한 주장을 수용하겠는가? 마찬가지로 동성애에 대한 유전적인 영향의 비율이 22%이니까 유전에 의해 어쩔 수 없이 동성애를 하게 되었다고 주장하는 것은, 논문에서 발표한 유전적인 영향의 비율의 의미를 정확하게 이해하지 못해서 생긴 오해라고 본다.

유전적인 영향의 상대적 비율이 높다고 해서 그런 특성들을 반드시 정상이라고 인정하지도 않는다. 예로서, 유전적인 영향이 큰 알코올중독, 이혼 등을 정상이라고 권장하지 않는다. 그러므로 동성애에 대한 유전적인 영향의 비율을 언급하면서 동성애를 정상으로 인정해야 한다고 주장하면 안 된다. 20세기 초반의 유전연구는 해당 질병이 유전되는 원발성 신경정신병으로, 예후가 나쁘며 진행성이고 잘 치료되지 않는다는 사실을 입증하는 결과로 간주되었다. 그 병이 유전되기 때문에 정상이라는 사실을 입증하고자 한 것이 아니었다.

위에서 언급한 특성들 중에 어떤 것은 완전 치유 및 정상화가 거의 불가능해 보이지만, 전문가의 도움을 받으면서 자신이 의지를 갖고 노력하면 그러한 특성으로부터 벗어날 수 있다. 물론 쉽지는 않지만 장기간 꾸준히 노력하면 가능하다. 동성애도 마찬가지이다. 동성애는 유전적으로 결정되는 것이 아니며, 벗어날 수 없는 것이 절대로 아니다.

chapter 8 요약과 결론

chapter 8 요약과 결론

1. 요약

동성애의 선천성에 대해 연구한 관련 논문들을 정리해 보았다. 1990년대 초반에 동성애는 유전적으로 타고나는, 선천적인 것이라고 오해하게 만드는 논문들이 집중적으로 쏟아져 나왔다. 10년 쯤 후에 동성애는 타고난 것이라고 오해하도록 만든 논문들이 잘못되었음이 밝혀졌다. 그러한 사실을 일목요연하게 알 수 있도록 유전자, 두뇌, 일란성 쌍둥이의 동성애 일치 비율에 대한 논문들을 연대기적으로 아래의 표에 정리하였다.

표 7. 동성애와 관련된 유전자 연구 결과의 연대기적 요약

저자	년도	결과	비고
해머 등	1993	X 염색체 위의 Xq28이 남성 동성애와 상관관계 있음	사이언스지에 발표 서구 언론이 동성애 유전자 발견했다고 대서특필
라이스 등	1999	Xq28의 네 개의 표지유전자를 조사한 결과, Xq28이 남성 동성애와 관련 없음	사이언스지에 발표
무스탄스키 등 (해머 포함)	2005	전체 게놈을 조사한 결과, Xq28이 동성애와 상관관계가 없음. 7번, 8번, 10번 염색체에 동성애 관련 유전자가 있을 것으로 추정	1993년과는 달리 Xq28이 동성애와 관계없는 이유를 자세히 분석함
라마고파란 등	2010	전체 게놈을 조사한 결과, 7번, 8번, 10번 염색체에서 동성애 관련 유전자를 발견하지 못함	**전체 게놈에서 동성애 유발 유전자를 발견하지 못함**

표 8. 동성애와 관련된 두뇌 연구 결과의 연대기적 요약

두뇌부분	저자	년도	결과	비고
전시상하부의 간질핵 (INAH)	리베이	1991	남성 동성애자의 INAH 3 크기가 여성처럼 남성 이성애자보다 작으므로, INAH 3이 동성애와 관련이 있을 것으로 추론	사이언스지에 발표 동성애자는 동성애를 하게 만드는 두뇌를 갖고 태어난다는 오해 확산
	바인 등	2001	남성 동성애자의 INAH 3 크기가 남성 이성애자보다 작지만, 남성 동성애자의 INAH 3 내의 뉴런의 개수는 남성 이성애자와 비슷하고 여성보다 훨씬 많음 남성 동성애자의 INAH 3 크기가 작은 것은 출생 후의 신경망 감소로 추론	NAH 3 크기만 보고 INAH 3와 동성애가 관련이 있다고 보는 추론은 잘못 **남성 동성애와 INAH 3 사이의 연관성을 과학적 자료로 부정**
전교련	알렌 등	1992	전교련의 단면이 여성이 남성보다 크고, 남성 동성애자가 남성 이성애자보다 크므로, 전교련이 동성애와 관련이 있을 것으로 추론	
	라스코 등	2002	전교련의 단면을 조사한 결과, 남녀의 차이도 없고 남성 동성애자와 남성 이성애자 사이의 차이도 없음	**알렌 등의 결과가 잘못되었음을 밝힘**

표 9. 쌍둥이의 동성애 일치 비율의 연대기적 요약

저자	년도	결과	비고
칼만	1952	일란성 쌍둥이 = 100% 이란성 쌍둥이 = 15%	교도소와 정신병원 수감자를 대상
베일리 등	1991	**남성** 일란성 쌍둥이 = 52% 이란성 쌍둥이 = 22% **여성** 일란성 쌍둥이 = 48% 이란성 쌍둥이 = 16% 유전자가 같은 일란성 쌍둥이의 일치 비율이 유전자가 다른 이란성 쌍둥이보다 월등히 커서, 동성애가 유전에 의해 형성됨을 뒷받침함	동성애를 옹호하는 언론매체를 통해 대상을 모집하여 동성애자인 쌍둥이들이 의도적으로 다수 지원하는 결과 초래 일치하는 쌍둥이에게 가중치 2를 곱하는 가중 일치도로 나타냄 동성애는 유전에 의해 형성되는 것으로 많은 사람들로 하여금 믿게 만듦
켄들러 등	2000	일란성 쌍둥이 = 18.8% 같은 성을 가진 이란성 쌍둥이 = 7.1% 다른 성을 가진 이란성 쌍둥이 = 0%	조사대상자 수 = 1,521명 가중치를 적용하지 않은 일반 일치도로 나타냄
베일리 등	2000	**남성** 일란성 쌍둥이 = 11.1% 같은 성을 가진 이란성 쌍둥이 = 0% 다른 성을 가진 이란성 쌍둥이 = 10.5% **여성** 일란성 쌍둥이 = 13.6% 같은 성을 가진 이란성 쌍둥이 = 5.6% 다른 성을 가진 이란성 쌍둥이 = 18.2%	조사대상자 수 = 3,782명 가중치를 적용하지 않은 일반 일치도로 나타냄 일란성 쌍둥이의 동성애 일치 비율이 대략 10%에 불과함
랑스트롬 등	2010	**남성** 일란성 쌍둥이 = 9.9% 같은 성을 가진 이란성 쌍둥이 = 5.7% **여성** 일란성 쌍둥이 = 12.7% 같은 성을 가진 이란성 쌍둥이 = 9.3%	조사대상자 수 = 7,652명 가중치를 적용하지 않은 일반 일치도로 나타냄 **일란성 쌍둥이의 동성애 일치 비율이 대략 10%이므로, 동성애가 타고나는 것이 아님을 분명히 나타냄**

〈표 7〉, 〈표 8〉, 〈표 9〉로부터 1990년대 초반에 동성애는 타고난 것이라고 인식하도록 유도하는 논문이 쏟아지고, 10년 후에 잘못되었음이 밝혀지는 과정을 분명히 볼 수 있다. 이러한 과정이 우연히 일어났다고 보기 어려우며, 1990년 대 초반에 동성애를 지지하는 학자들과 단체들에 의해 의도적으로 왜곡된 자료들과 논문들이 발표되었다고 본다. 실제로 1991년에 남성 동성애자의 두뇌가 여성과 비슷하다는 논문을 발표한 리베이와 1993년에 X 염색체 위의 Xq28이 남성 동성애와 관련이 있다는 논문을 발표한 해머는 동성애자들이다. 이렇게 1990년대 초반에 의도적으로 왜곡된 과학 논문이 쏟아져 나왔을 때에, 과학에 문외한인 일반인들은 그러한 논문 결과들을 의심하지 않고 받아들일 수밖에 없었다. 그 결과, 동성애를 옹호하는 학자들과 단체들의 의도대로 서구의 많은 사람들은 동성애를 유전이며 선천적인 것으로 오해하게 되었다.

2. 결론

이상과 같은 문헌고찰을 통해 다음과 같은 결론을 도출했다.

① 최근의 대규모 조사는 킨제이의 보고가 과장되었음을 확실하게 드러냈다.

② 2000년 이후의 대규모 조사에 의해 쌍둥이의 동성애 일치 비율이 10% 정도에 불과함을 알 수 있다. 따라서 2000년 이전에 이루어졌던 소규모 설문조사의 결과들이 얼마나 과장되고 왜곡되었는지를 알 수 있다. 쌍둥

이의 낮은 동성애 일치 비율은 동성애가 선천적으로 결정되는 것이 아님을 분명히 나타낸다.

③ 동성애는 유전이라는 연구 결과(유전자 등)는 모두 부인되었다.

④ 동성애가 태아기에 자궁에서 받은 성호르몬의 영향에 의해 선천적으로 타고난 행동양식이라는 연구 결과들도 입증되지 않거나 부인되었다.

⑤ 동성애자의 두뇌가 일반인들과 차이가 있다는 주장도 입증되지 않았다.

⑥ 오히려 다른 연구들, 즉 동성애와 두뇌에 대한 환경이나 경험의 영향, 두뇌 가소성, 나이에 따른 변화 등은 다른 모든 인간의 행동이나 정신장애의 설명과 마찬가지로, 동성애 형성에 유전적인 요인보다는 환경이나 학습과 같은 후천적인 요인의 영향이 더 크다는 것을 시사한다.

⑦ 유전적인 영향이 있다고 반드시 정상으로 간주해서는 안 된다. 인간의 모든 행동 양식은 어느 정도 유전적인 영향을 받는다. 유전적인 영향의 비율이 높은 알코올중독, 이혼 등을 정상이라고 권장하지 않는다. 동성애에 대한 유전적인 영향이 있다고 정상으로 인정해야 한다고 주장할 수 없다.

⑧ 쌍둥이의 낮은 동성애 일치 비율과 동일한 환경과 요인을 가진 사람 중 극히 소수만 동성애자가 되는 사실로부터, 동성애는 환경과 요인에 의해 결정되는 것이 아니고 자신의 의지적 선택에 의한 것임을 알 수 있다.

⑨ 동성애는 환경이나 요인들의 영향을 자신의 의지적 선택에 의해 받아들인 후 강한 의존성 때문에 반복함으로써 형성된 성적 행동양식이라고 볼 수 있다.

3. 우려되는 한국의 미래

국내의 문헌과 인터넷의 정보들을 보면 동성애는 타고난 것으로 인식하도록 의도적으로 편집되었음을 발견한다. 몇 가지 예를 들면, 한국 인터넷에서는 동성애에 관련된 유전자 연구에 대해서 X 염색체의 Xq28과 남성 동성애 사이에 높은 상관관계가 있다는 1993년 해머의 연구 결과를 동성애의 유전 성향을 나타내는 증거로 인용하고 있다.[11] 그러나 동성애는 유전자와 상관관계가 없다는 연구 결과는 한국 인터넷에 거의 소개되지 않고 있다. 예를 들면, 1999년에 라이스 등이 표지 유전자를 조사함으로써 Xq28과 동성애 사이의 상관관계를 발견하지 못한 결과, 2005년에 해머를 포함한 연구팀이 많은 사람을 대상으로 전체 게놈을 조사했을 때에 Xq28과 동성애 사이의 상관관계를 발견하지 못한 결과, 그리고 2010년에 전체 게놈을 조사하여 동성애 관련 유전자를 발견하지 못한 결과들이 그것이다.

동성애에 관련된 두뇌 연구에 대해서, 1991년 리베이의 연구 결과가 동성애의 선천성을 나타내는 증거로서 국내 문헌에 많이 인용했지만,[12] 리베이 논문의 문제점과 연구 결과를 반박한 2001년 바인 등의 연구 결과는 거의 소개하지 않음으로써 일반인들에게 동성애는 선천적인 것이라는 왜곡된 정보를 주고 있다.

동성애에 관련된 쌍둥이 연구에 대해서, 1991년 베일리 등의 조사결과가 동성애가 유전에 의한 선천적인 것을 나타내는 증거로써 많이 인용되고 있다.[12] 반면에 1991년의 조사결과가 과장되었음을 나타내는 2000년 이후에 이루어진 세 번의 대규모 설문조사 결과는 거의 언급되지 않고 있다.[13] 이러한 편향된 온라인의 정보들이 한국 국민들로 하여금 동성애는 유전이며 선천적이라는 오해를 갖게 만들며, 왜곡된 과학적 자료에 의해 서구의 많은 사람들이 동성애를 타고난 것으로 인식하게 되었던 것과 같은 전철을 밟은 것 같아 매우 우려된다.

동성애자들은 일반인들이 동성애를 타고난 것으로 오해하게 만든 후에, 동성애도 피부색, 인종처럼 타고난 것이기에 차별해서는 안 되고 정상으로 인정해야 한다고 주장한다. 그리고 차별금지법에 동성애를 차별금지 사유로 포함시켜서 동성애를 비도덕적이라고 보는 사람들을 처벌하려고 한다. 객관적이어야 할 과학 자료가 왜곡되어서 특정 집단에게 유리한 법을 만드는 데 근거 자료로 활용되는 것은 결코 바람직하지 않다. 다행히 최근의 과학적 발견들은 동성애가 타고난 것이라는 주장이 잘못되었음을 분명히 나타내고 있다. 본서에서는 동성애의 선천성에 대한 연구 결과 중에서 핵심적인 논문들을 선택하여 자세히 설명함으로써, 독자들에게 동성애가 타고난 것이 아님을 자세하게 알리려고 노력하였다.

에이즈가 동성애로 말미암아 확산된다는 객관적 통계가 있음에도, 서구에서는 동성애 합법화를 막지 못했다. 동성애자의 수가 많아져 압력 단체를 이루면, 어떤 이유와 명분도 동성애 확산을 막지 못한다. 현재로서는 한국의 동성애자 수는 아직 많지 않고 에이즈 환자의 수도 적어 다행이긴 하지만 동성애가 확산되면 서구처럼 에이즈 환자가 증가할 가능성이 매우 높다 (에이즈의 보건의료적 문제는 부록 2 참조). 에이즈 환자 증가를 막기 위해서도 동성애 확산을 막기 위해 노력해야 한다. 또한 우려되는 것은 동성애의 확산으로 인한 성윤리 도덕의 붕괴이다. 그런데 동성애가 포함된 차별금지법이 만들어지면 동성애 확산을 막으려는 노력을 할 수 없다(부록 1 참조). 따라서 최선을 다해 동성애가 포함된 차별금지법이 제정되지 않도록 막아야 한다. 동성애가 차별금지법에 들어가면 동성애를 비도덕적이라고 보는 사람들을 처벌함으로써, 대다수 선량한 국민들의 인권을 탄압한다. 그러므로 차별금지법에 동성애와 같은 윤리적인 것은 차별금지 사유로 들어가서는 안 되며, 모든 국민들이 공감하는 것만 들어가야 한다.

그런데 우려되는 것은 현재 교과서에 동성애를 차별해서는 안 된다는 내용들이 제법 있으며, 지난 6월에 전국 고등학생들이 치른 전국연합학력평가에서 동성애와 동성결혼에 관한 문제가 세 개 나왔다. 그런데 세 문제 모두 학생들로 하여금 동성애자와 동성결혼을 옹호하는 인식을 갖도록 출제되었다. 즉, 동성애자를 비도덕적이라고 보는 시각은 잘못되었으며 동성결혼을 합법화하는 것이 외국의 추세이며 옳다는 인식을 갖도록 만든다. 이러한 배경에는 도덕교과서 집필기준에 동성애자의 인권만을 강조하는 내용이 있어 도덕교과서에 동성애와 동성결혼에 대한 찬반 주장이 실렸으며, 동성애를 옹호하는 교사들이 편파적으로 문제를 출제하였다. 동성애를 옹호하는 교육을 하면 다음 세대의 성의식이 왜곡되고 결국 서구처럼 동성애를 합법화하는 결과를 초래한다. 그러므로 교사들에게 동성애에 대한 정확한 지식을 알리는 것이 시급하다고 본다.

마지막으로 언급하고 싶은 것은 동성애자들은 "동성애가 좋아서 선택했다."고 떳떳하게 말하지 않고 어쩔 수 없이 한다고 주장하는데, 이는 이해할 수 없는 태도이다. 동성애자들이 자신의 행동이 타고난 육체 때문이라고 주장하는 것은 비겁하다고 생각한다. 앞에서 설명하였듯이 이혼, 알코올중독, 마약중독, 가정폭력 등 인간의 모든 행동은 유전적인 영향과 후천적인 영향을 받는다. 그런데, 위에서 열거한 것과 관련된 사람들은 단체를 만들어서 "우리들은 자신의 의사와 무관하게 어쩔 수 없이 하므로 정상으로 인정해 달라."고 주장하지 않는다. 그런데 유독 동성애자들만 단체를 만들어 과학 자료와 설문조사 결과를 왜곡시키고 자기들은 어쩔 수 없이 동성애를 한다고 주장하며, 차별금지법에 동성애를 포함시켜서 동성애를 비도덕적이라고 인식하는 사람들을 처벌하려고 한다. 이러한 행동과 시도는 자신의 집단만 고려하고 다른 사람들은 전혀 고려하지 않는 이기적인 사고방식에 기초하였으므로 옳지 않다. 한국만은 왜곡된 과학적 근거 자료를 앞세워 자신들의 목적을 달성하려는 동성애자들의 의도를 파악하고 동성애는 타고나는 것이라는 오해에 빠지지 말고 바른 진리 위에 굳건히 서서 건전한 성윤리를 유지하기 바란다.

부록 1 차별금지법의 문제점

　차별금지법은 차별을 금지하는 법인데, 차별의 법적 의미는 분리, 구별, 제한, 배제하거나 불리하게 대우하는 것이다. 동성애가 차별금지법에 포함되면, 동성애자들을 손가락질하고 조롱하고 괴롭히는 일체의 행위가 금지된다. 또한 동성애를 분리하거나 구별조차 해서도 안 된다. 즉 동성애를 윤리적 문제가 없는 정상으로 인정해야 한다. 그러므로 차별금지법에 동성애와 같은 윤리적인 것은 차별금지 사유로 포함되어서는 안 된다. 왜냐하면 동성애가 차별금지법에 들어가면 동성애를 비도덕적이라고 보는 사람들을 처벌하기 때문이다.

　그런데 서구에서는 동성애가 선천적으로 타고난 것으로 오해됨에 따라 동성애가 차별금지법에 들어가게 되었다. 대다수 사람들은 태어날 때부터 결정되어 자신의 의지로는 어쩔 수 없는 것들을 이유로 차별해서는 안 된다는 인식을 갖고 있다. 동성애가 타고난 것으로 오해됨으로써, 성별, 인종, 피부색 등과 더불어 차별금지법에 차별금지 사유로 포함되었고, 동일한 법조항에 의해 성별, 인종, 피부색 등과 동등한 수준으로 동성애를 윤리적인 문제가 없는 정상으로 공인하고 공권력에 의해 정상으로 인식하도록 강요되었다.

　동성애가 차별금지법에 포함된 이후, 변화된 상황에 관련된 외국의 사례를 몇 가지 소개하겠다.

　첫째, 공공장소에서 "동성애는 비도덕적이다. 비정상이다. 죄이다."라고 표현하면 처벌받는다. 외국의 예를 보면, 1997년에 미국 코네티컷의 보건국

직원이 동성애자에게 동성애는 죄라고 조언해서 파면되었고 법원은 그러한 행정 처분이 정당하다고 판결하였다. 2000년에 Evelyn Bodett는 레즈비언인 부하 직원에게 동성애는 죄라고 말해서 회사에서 파면되었고 미국 연방법원도 그러한 조치를 정당하다고 판결하였다. 2006년에 캐나다의 브리티쉬 콜럼비아주 캄룹스(Kamloops) 시의 시의원이 "동성애는 비정상이고 비자연적이다."는 발언을 해서 1000불의 벌금과 사과하라는 판결을 받았다.[1] 2008년에 청소년 사역자는 대중매체에서 동성애를 반대하는 발언을 하였다고 7000불의 벌금형을 받았다. 영국 잉글랜드 컴브리아주 워킹턴에서 목사가 길에서 설교하던 중, 동성애자의 질문에 동성애는 죄악이라고 대답하여 구금되었다.[2]

둘째, 동성애를 비정상이며 비도덕적인 행위로 보는 견해는 동성애에 대한 혐오나 편견이라고 간주하여 교육내용, 생활지도기준에 포함할 수 없고 교육할 수 없다. 학생이 동성애로 물의를 일으키더라도 징계를 하거나 기숙사에서 나가게 할 수 없다. 학교에 동성애 단체를 만들어 공개모집을 하더라도 막을 수 없고, 오히려 학교는 소수자 단체라는 이유로 적극 후원을 해야 한다. 동성애를 정상이라고 공인하는 외국에서는 성교육 시간에 동성애 동영상을 보여 주고 동성애하는 방법까지 가르쳐 준다. 학생에게 "동성애는 매우 좋은 것"이며, 부모가 "동성애는 잘못된 것"이라고 말하면 "그렇게 말해서는 안 된다"고 반박하라고 가르친다. 동성결혼을 합법화한 미국 매사추세츠에서는 '게이와 레즈비언 긍지의 날'이 되면 초등학교 전학생에게 철저하게 동성애와 동성결혼이 정상이라고 가르친다. 캐나다 토론토의 교육청은 1학년(6세) 학생에게 사람의 성기에 대해, 6학년 학생에게 자위의 즐거움을, 7학년 학생에게 이성 간 성행위 및 항문 성행위를 가르친다.[3]

셋째, 동성애자의 권리만 보호받고 건전한 성윤리를 가진 대다수 국민의 기본적인 권리 또는 자유가 심각히 제한 또는 침해당한다. 예를 들면, 2002년에 동성애자들은 미국 미시간 주의 Ferndale 시의회에 압력을 가하여 경찰서에서 자원봉사를 하는 침례교 목사의 면직을 요구하였다. 그 이유로 해당 목사는 '동성애는 죄악'이라는 견해를 가지고 영적 폭행을 저지른 자라고 주장하였다. 시의회는 해당 목사를 해임하지는 않았지만 그의 반동성애적 입장은 정죄되어야 한다고 결의하였다. 미국 아이다호주는 동성결혼 주례를 거절한 목사에게 180일의 감옥형과 매일 1,000달러의 벌금을 동성결혼을 주례해줄 때까지 내도록 했다.[4]

2011년 영국 브리스톨 지방법원은 동성애자 커플에게 방을 주지 않은 70대 부부에게 3,600파운드 손해배상금을 지급하라고 명령했고, 미국 뉴멕시코 인권위는 레즈비언 커플의 결혼기념 촬영을 거부한 사진사에게 약 690만원의 벌금형을 선고했다.[5] 미국 뉴욕주 법원은 동성결혼식 장소 대여를 거부한 농장주에게 1만 3천달러(1,300만원)의 벌금형을 선고했으며,[6] 미국 오레곤주에서 제과점을 운영하는 부부는 동성결혼식 케이크 제작을 거부한 후, 주정부가 부과한 15만 달러(1억 6천만원) 벌금으로 파산 위기에 처했다.[7] 미국 캘리포니아는 동성애를 반대하는 시민단체의 면세 혜택을 박탈하는 법을 추진하고 있다. 이 법은 보이스카우트, YMCA, YWCA 등의 25개 단체를 대상으로 한다.

넷째, 동성애자인 학생을 불러 동성애를 중단하도록 상담이나 설득할 수 없으며, 그러한 상담을 하면 처벌을 받는다. 학생을 불러 동성애를 중단하라고 권유하면, 동성애란 이유로 수치심이나 모욕감 등을 느끼게 하였다고, 즉 차별을 하였다고 처벌받을 테니까, 동성애로 물의를 일으키더라도 어떤 노력도 할 수 없다. 동성애자에게 동성애를 끊고 건전한 삶을 살도록 하는 어떤 도움도 주지 못한다. 동성애 차별금지법을 시행하는 외국에서는 동성애를 치유하는 의사의 행위가 위축되어, 동성애에서 벗어나기를 원하는 많은 동성애자들이 의사의 도움을 받지 못하고 어려움을 겪고 있다. 최근에 미국 몇 개의 주에서 동성애 치료 금지법이 통과되어 동성애를 치료하는 것을 원천적으로 금지하였다.

다섯째, 동성애 확산을 막으려는 모든 노력이 금지되므로 동성애가 확산되는 것을 속수무책으로 방관하게 되어 결혼율의 감소, 저출산, 에이즈 확산 등의 사회병리 현상들이 심화될 수 있다. 동성애를 우호적으로 표현하는 영화, 동성애자의 성행위를 묘사하는 음란물 등의 제작이 증가하고, 언론도 동성애를 옹호하는 내용만을 소개해야 한다. 법에 의해 동성애가 보호를 받고, 교육에서 동성애를 정상이라고 가르치고, 동성애를 권장하는 문화가 팽배할 때, 동성애 확산은 피할 길이 없다. 동성애는 먼저 동성애에 빠져 있는 사람에 의해 은밀하게 전파되므로, 동성애자 숫자가 어느 정도 이상으로 증가되면 걷잡을 수 없이 많아질 가능성이 있다.

한국의 중·고등학교와 대학교의 기숙사에서 동성 간의 단체숙식이 보편화되어 있으므로 동성애 확산이 급속히 진행될 수 있다. 동성애가 확산되면 동성 간의 우정도 의심받는 일이 발생하게 되어 깊은 우정관계를 맺는 데에 두려움을 갖게 만든다. 동성애는 중독성이 강해 한번 경험하고 빠지면, 끊고 빠져 나오기가 어렵다. 동성애는 두 사람에 의해 이루어지기에, 한 사람이 빠져나오려고 해도 상대방이 허락하지 않으면 계속 유혹에 시달린다. 동성애에 빠지지 않으려면 동성애를 경험하지 않아야 하며, 그러기 위해서는 동성애를 유혹하는 동성애자 숫자가 적어야 한다. 동성애자 숫자가 일정 수준을 넘어서면 모든 사람들은 동성애의 유혹에 시달리며 동성애를 강요받는 피해자도 생기고, 동성 간의 성매매와 성폭력도 생긴다. 그리고 동성애를 나쁘다고 말을 할 수 없으므로, 결국 동성결혼을 합법화하는 방향으로 진행한다.

    결론적으로, 차별금지법에는 동성애와 같은 윤리적인 것은 차별금지 사유로 들어가서는 안 되며, 모든 국민들이 공감하는 것만 들어가야 한다. 왜냐하면 동성애가 차별금지법에 들어가면 동성애를 비도덕적이라고 보는 사람들을 처벌하는 결과가 초래되어 대다수 선량한 국민들의 인권을 탄압하기 때문이다.

부록 2 동성애의 보건의료적 문제점

　남자와 여자는 각각 다른 성(性) 기관을 갖고 있으며, 구조적으로 남자와 여자의 성기관이 결합하여 성행위를 하는 것이 자연의 순리이다. 남녀의 성기관 주위에는 성행위를 피부마찰 없이 잘 수행할 수 있도록 음모(陰毛)가 있으며, 여자의 질에서는 성행위를 부드럽게 할 수 있도록 매끄러운 윤활유가 나온다. 성행위의 마지막 단계에서 사정(射精)이 되면 정자와 난자가 만나 수정란을 만들고 후손이 태어난다.

1. 항문성교

1) 구조적 문제점

　남자가 남자와 더불어, 여자가 여자와 더불어 하는 성행위는 구조적으로 불가능하다. 남성 동성애자들은 항문 성관계를 하는데, 항문은 성기관이 아니고 배설기관이다. 인체의 모든 기관은 특정한 기능을 수행하는 데 적합하도록 독특하게 조성되었으므로 정해진 특정한 기능을 수행하는 것이 자연의 순리에 맞다. 기관마다 정해진 특정한 기능을 수행하지 않고 다른 것을 하면서 그 행위가 정상이라고 주장하는 것은 옳지 않다. 배설기관에 성행위를 하는 동성애를 정상으로 볼 수는 없다. 아래에 제시한 '동성애 행위가 초래하는 보건의료적 문제점'에 관한 내용의 상당 부분은 '동성애차별금지법 입법반대를 위한 포럼'의 자료집에서 발췌하여 인용한 것이다.[1,2]

　남성 동성애자들은 거의 예외 없이 항문 성관계를 실행하지만, 이는 신체적으로 적합하지 않다. 여성의 성기와 남성의 항문은 근본적으로 다르다. 여성 성기에서는 윤활유가 분비될 뿐만 아니라 근육의 유기적인 연결에 의해 지탱된다. 여성 성기는 마찰력을 극복하고 손상되지 않도록 여러 층으로 배열된 비늘로 덮인 표피가 있는 점액막으로 구성되어 있다. 즉, 여성 성기는 성관계를 편하게 하도록 모양을 바꾸거나 확대시킬 수 있는 두꺼운 근육조직으로 둘러싸여 있어, 성관계 중에 찰과상을 예방한다. 이와 비교하여 항문은 단지 배출하기 위한 통로를 위해 작은 근육이 세밀하게 연결되어 있고 항문이 꼬리뼈에 붙어 있어 여성 성기에 비해 훨씬 제한적으로 확대된다. 이 때문에 항문성교 시에 항문이 찢어지기 쉬우며 항문과 직장에 상처가 생긴다.

직장의 외벽은 많은 배상세포[7]와 한 층의 얇은 세포막으로 이루어져 있다. 얇은 세포막은 물과 전해액의 흡수를 촉진시키는 기능을 한다. 배상세포로부터 분비된 점액이 약간의 보호기능을 하지만, 항문을 통한 성행위 시 일어날 수 있는 찰과상에 대해 효과적인 보호기능을 할 수 없다. 항문 성행위로 발생할 수 있는 가장 일반적인 문제 중 하나는 항문이 찢어져서 파열되는 것이다. 외항문 괄약근은 구조상 괄약근의 움직임을 통해 이물질을 몸 밖으로 내보내려고 한다. 역방향으로 갑작스럽게 힘을 가해 물체를 삽입시키는 성행위는 항문 괄약근의 반사작용을 유발시켜서 물체가 안쪽으로 들어오지 못하도록 괄약근이 수축된다. 또한 항문과 직장은 마찰을 방지하는 점액을 배출하는 기능이 매우 부족하다. 점액이 배출되지 않고 충분히 팽창하지 않은 상태에서 억지로 관계를 하면 항문 주위나 항문관 조직은 파열될 수 있고, 항문의 출혈 또는 여러 합병증들을 유발할 수 있다.

---

7) 배상세포는 장의 표면을 매끄럽게 하고, 보호용 점액을 분비하는 단세포 선(腺)을 말한다.

2) 기능적 문제점

항문과 직장을 통한 빈번한 성관계는 항문과 직장의 통증, 설사, 점액의 과잉 분비, 위장 내에 가스 과잉, 화농성의 고름, 장 경련, 고통스러운 배변, 대변의 유출, 치질, 항문·직장의 궤양, 가려움, 항문소양증, 직장의 탈장, 치질, 열항, 항문직장 외상, 이물질 잔류 등을 유발할 수 있다.

항문 성관계를 가지는 사람의 1/3 이상이 대변 유출 혹은 배변의 긴급성 등을 보고하였다. 잦은 항문 성행위 때문에 내부 괄약근 손상이 누적되어 대변을 장에 담아두는 괄약근의 힘이 약해진다. 빨리 화장실에 가지 않으면 대변을 흘리며 나이가 들수록 심각해진다. 하루에도 열 번 이상 화장실을 가야 하며, 이 때문에 대다수 남성 동성애자들은 기저귀를 하고 산다.

남성 동성애자들은 성관계 도중에 전립선을 자극하여 쾌감을 극대화할 목적으로 손이나 주먹을 항문 안으로 집어넣는 행위를 한다. 이것을 '손넣기(fisting)'라고 부르는데, 직장과 괄약근 등을 크게 훼손시키므로 항문 성관계보다 더 위험하다.

3) 면역장애

정액의 배출은 면역계를 약화시킨다. 여성의 면역계가 약화되어야 정자들이 그 방어벽을 피해 수정할 수 있기 때문이다. 토끼의 직장 속에 정액을 주입하는 실험을 통해, 정액이 주입된 토끼는 면역계의 기능이 저하된다는 사실이 밝혀졌다. 항문 성관계는 항문이나 직장의 구조적 문제점과 면역력을 약화시키는 정액의 효과 때문에 질병 전염이 극대화되는 조건을 형성한다. 항문 성관계는 항문암의 발병 위험성을 증대시킨다. 1989년 자료에 따르면, 남성 동성애자들의 항문암 유병 비율이 남성 이성애자들의 항문암 유병 비율보다 훨씬 높다.

4) 위생적 문제점

남성 동성애자들은 거의 예외 없이 항문 성관계를 하는데, 항문은 성기관이 아니고 병균과 바이러스가 가장 많이 있는 불결한 배설기관이다. 따라서 항문 성행위를 하는 동안 생기는 상처 자체도 문제이지만, 더 치명적인 것은 상처 부위의 감염이다.

감염되는 것에는 편모충, 각종 세균(이질균, 임질 등), 바이러스(B형 간염, 단순포진, 인간 면역결핍 바이러스), 매독균(스피로헤타), 장의 여러 병원균 등이 있다.

항문 성관계로 인해 빈번하게 발생하는 질병으로는, 항문 사마귀(일명 곤지름), 클라미디아 트라코마티스(요도염), 헤르페스 바이러스 감염증, 인유두종 바이러스(자궁경부암 유발인자), 타입 B C 간염, 임질, 매독 그리고 에이즈 등이 있다.

위의 질병 중 몇 가지는 일반인은 거의 걸리지 않는 것이다. 또한 어떤 것은 동성 간 성관계를 가지는 집단이 이성 간 성관계를 가지는 집단에 비해 월등히 높은 발병률을 보여준다.

5) 장전염병

장티푸스와 같은 병원균의 감염은 보통 오염된 음식이나 물의 섭취와 연관되지만, 남성과 성관계를 가지는 남성들 사이에서는 구강-항문 성관계 혹은 항문성교 후에 행하는 구강성교 등을 통해 감염된다. 장의 병원균들은 구강-항문 성관계를 통해 섭취되거나 혹은 이전 항문 성관계에서 오염되었던 성기를 다른 남성의 항문에 삽입함으로써 전염된다.

구강-항문 성관계를 통해 캄피로박터(식중독 유발), 임질, 살모넬라(식중독 유발), 엔타모에바히스토리티카(설사균), 다른 장 병원균의 감염 등이 촉

진되고, A형 간염, 시겔라(세균성 이질균), 요충, 장편모충, 지아르디아 람블리아(장 기생충), 엔트로비우스 벌미쿨라리스(장 기생충) 등의 병원체 감염이 증가한다.

6) 성병

항문성교 또는 구강성교로 모든 종류의 성병에 감염될 수 있다.

예를 들어, 매독은 이성애자들과 동성애자들 모두에게 나타나지만, 1999년에 미국 워싱턴 킹 카운티에서는 매독의 85%가 동성 간 성관계를 가지는 집단에서 발생하였다. 또한 샌프란시스코의 남성 동성애자 사이에서 매독은 전염병 수준만큼 만연되어 있다. 한국에서도 매독 환자의 약 21%가 동성애자이다.

미국에서 증가하는 성병 중에서 일반적인 성 접촉을 통해 발병할 수 없는 성병들이 남성과 성관계를 가지는 남성에게서 나타난다. 이러한 성병에는 생명을 위협할 정도로 심각한 것에서부터 미미한 영향을 끼치는 것에 이르기까지 다양하다.

2. 에이즈

에이즈는 후천성 면역결핍증의 약자이며, 인체의 면역체계를 파괴시키는 HIV(human immunodeficiency virus) 바이러스에 감염되어 나타나는 병이다. 에이즈 바이러스는 혈액, 눈물, 오줌, 침, 정액, 질분비물 등의 모든 체액에서 발견되며, 정액과 혈액 속에서 바이러스의 함량이 가장 많다. 그래서 성행위로 감염이 많이 되며, 항문성교는 다른 형태의 성행위보다 훨씬 감염될 확률이 높다. 항문성교 중에 쉽게 상처가 생기고, 그 상처를 통해서 정액에 있는 에이즈 바이러스가 혈액 속으로 침투하기 때문이다. 에이즈 바이러스에 감염되면, 3~4주 후에 기침, 미열, 오한 등의 증상이 나타나지만 감기 증세와 흡사하여 대부분 알아차리지 못한다.

그 후 잠재기를 지나는데 아무런 증상이 나타나지 않지만, 바이러스는 계속 증식한다. 짧으면 3년에서 길면 12년의 무증상 시기에 있는 사람은 에이즈 바이러스는 가지고 있지만 에이즈 증상은 나타나지 않는다. 그래서 자신도 모르게 타인에게 바이러스를 전염시키게 된다. 에이즈로 진행이 되면 대략 10개월 정도 밖에 살지 못한다. 결국에는 체중이 감소하여 굶은 사람처럼 보이며, 다발성 감염, 근육통 등으로 고통을 겪으며 최후를 맞이한다. 에이즈는 결국 죽음에 이르는 대단히 주의해야 할 무서운 병이다.

이제부터 동성애와 에이즈 사이의 관계를 국내외 통계를 통해 살펴보고자 한다. 에이즈는 1981년에 미국 남성 동성애자에게서 처음 확인되었다.

1) 국내 통계

2011년 12월 말을 기준으로 한 한국 질병관리본부의 자료에 따르면,[8] 국내 누적 에이즈 감염자는 총 8,542명이며 그 중 7,030명이 생존하고 있다. 그 중에 남성은 7,860명(92%)이고, 여성은 682명(8%)이다.

1985년~2011년의 내국인 에이즈 감염경로 현황을 보면, 확인된 6,962명 중 이성 간 성 접촉은 4,173명(59.9%), 동성 간 성 접촉은 2,732명(39.2%), 수혈·혈액제제 46명(0.7%) 등이다.

남성은 43%가 동성 간 성 접촉에 의해서였고, 여성은 98%가 이성 간 성 접촉에 의해서였다. 위의 결과로부터 남성은 동성애로 에이즈에 많이 감염되며, 대부분 여성은 남성에 의해 감염되었음을 알 수 있다. 참고로 위의 조사 결과는 감염자 본인의 진술에 의존한 것이며, 전문가들은 대략 에이즈 감염자의 70%가 동성애에 의해서라고 본다.

2) 고위험군

에이즈와 관련된 논문들은 남성 동성애집단과 윤락여성을 에이즈 고위험군으로 지목한다.[64~69] 남성 동성애집단은 남성 동성애자, 남성 양성애자, 가끔 남성과 성관계를 하는 남성 이성애자를 모두 포함한다. 서울대 보고서는 에이즈 감염자의 71%가 남성 동성애집단이라고 추정하였다.[4] 1985~1992년 한국 국립보건원의 조사에 따르면, 동성애자가 에이즈에 걸릴 확률이 5.5% 이므로, 동성애자는 일반인(≈ 0.03%)에 비해 에이즈 걸릴 확률이 약 180배이다. 따라서 남성이 동성애자가 되면 일반 남성에 비하여 에이즈에 걸릴 확률이 매우 높아진다.

미국 샌프란시스코의 시내버스 정류장에는 에이즈 치료제의 부작용으로 발생하는 복부 비만을 치료하는 약품 선전 광고판이 있다. 남성 동성애자가 많은 샌프란시스코에 에이즈 환자가 얼마나 많으면 시내버스 정류장에 이러한 광고판이 있겠는가?

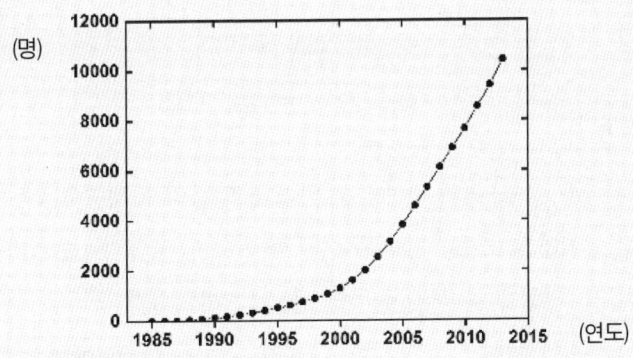

그림 15. 연도별 누적 내국인 에이즈 감염자 수

〈그림 15〉에서 보는 바와 같이 연도 별 누적 내국인 에이즈 감염자 현황을 보면, 감염자 수가 2000년 이후부터 급격하게 증가하고 있다. 누적 에이즈 감염자의 수는 2003년 2,537명에서 2013년에 10,423명으로 증가하였다. 2003년에 비해 2013년에 누적 에이즈 감염자의 수가 네 배 정도 증가한 것은 남성 동성애집단의 수가 두 배 증가하고 남성 동성애집단이 에이즈에 걸릴 확률도 5%에서 10%로 두 배 증가하였기 때문으로 추측된다. **10%라는 의미는 국내에서 남성 동성애를 하는 사람들의 열 명 중 한 명은 에이즈 바이러스를 갖고 있다는 뜻이다.**

남성 동성애집단이 에이즈에 걸릴 확률이 증가하는 현상은 다른 아시아 국가에서도 발견된다. 태국 방콕의 남성 동성애자가 에이즈에 걸릴 확률이 2003년 17.3%에서 2007년 30.7%로 증가했고, 인도네시아 자카르타에서도 2003년 2%에서 2007년 8.1%로 증가했다.[17]

에이즈 관련 논문들은 실제 감염자의 수가 질병관리본부에 보고된 수의 2~3배 될 것으로 추정한다. 이 추정에 따르면, 우리나라의 2014년 현재 실제 에이즈 감염자의 수는 대략 2~3만 명 정도 될 것이다. 동성애로 에이즈에 감염되는 남성의 비율이 70%라고 가정하면, 동성애로 감염된 남성의 수는 대략 14,000~21,000명으로 볼 수 있다.

3) 외국 통계

동성애와 에이즈 사이의 관계를 나타내는 외국의 통계를 보면, 미국에서 2008년부터 2010년 사이에 감염된 신규 에이즈 감염자의 1~3위가 남성 동성애집단이고, 전체 신규 감염자의 70%를 차지하였다.[18]

2007년의 유엔 에이즈 보고서에 따르면, "중남미 지역에는 160만 명의 에이즈 감염자가 있고, 에이즈 감염자의 절반 정도는 동성애를 통해 감염된 것으로 확인됐다."고 전했다. 유엔 에이즈 보고서는 "중남미 지역의 에이즈 감염자는 현재 정체상태를 보이고 있지만, 안전하지 않은 매춘과 동성애가 늘어날 경우, 에이즈 감염자가 다시 증가할 수 있다."고 강조했다.[9] 캐나다에서는 신규 감염 남성의 75%가 남성 동성애집단이고,[110] 프랑스에서는 2011년 남성 감염자의 65%가 동성애 때문이다.[111] 방콕은 2010년 신규 감염자의 50%가 남성 동성애집단이고, 남성 동성애집단의 31%가 에이즈에 감염되었다.[112] 2012년 아일랜드에서 에이즈 진단을 받은 동성애자와 양성애자 남성은 166명인데, 이는 조사가 시작된 이래로 최고의 수치이다. 2012년 아일랜드에서 에이즈에 가장 많이 감염된 집단은 동성애자와 양성애자 남성이다.[113] 미국 존스홉킨스대학 연구팀의 보고서에 따르면, 미국, 스페인, 칠레, 말레이시아, 남아프리카 등에서 남성 동성애집단의 에이즈에 걸릴 확률은 대략 15%이다.[114] 잉글랜드 공공보건국의 케빈 펜튼 교수는 영국 에이즈 협회 2013년 추계 학회에서 남성 동성애자들의 에이즈 감염 증가는 전 세계적인 현상이라고 보고하였다.[115] 2012년 유엔에이즈의 글로벌 보고서에 따르면, 사실상의 모든 국가에서 일반 성인의 에이즈 감염률에 비하여 남성 동성애자의 에이즈 감염률은 압도적으로 높다.[116]

위의 통계를 볼 때 동성애가 에이즈의 주요 감염경로이며, 동성애는 에이즈에 걸릴 확률이 높은, 즉 의학적으로 매우 위험한 성 행태임을 알 수 있다.

4) 동성애자가 에이즈에 잘 걸리는 이유

에이즈와 동성애가 높은 상관관계를 갖는 이유는 항문 성관계와 난잡한 관계 때문이다. 1978년 연구결과에 따르면, 백인 남성 동성애자의 15%는 100~249명의, 17%는 250~499명의, 15%는 500~999명의, 28%는 1,000명 이상의 파트너와 관계를 가진다.[117] 성관계를 맺는 파트너의 수가 이처럼 많다는 통계치를 접하면서 놀라움을 금할 수 없다. 에이즈가 창궐한 이후 1984년까지 남성 동성애자들 간의 난잡한 관계가 감소한 것으로 보고되었지만 큰 폭으로 감소한 것은 아니었다. 21세기 초에 미국질병관리본부는 적어도 샌프란시스코 지역의 젊은 남성 동성애자들 간의 난잡한 관계가 다시 증가하고 있다는 사실을 보고하였다. 1994년부터 1997까지 다수의 남성 파트너와 관계를 가지거나, 무방비적인 상태에서 항문 성관계를 가지는 25세 이하 남성 동성애자의 비율은 23.6%에서 33.3%로 증가하였다.

에이즈가 불치병임을 지속적으로 알렸음에도 불구하고 남성 동성애자의 난잡한 관계는 줄어들지 않았다.

또한 많은 동성애자들은 쾌감을 반감시킨다는 이유로 콘돔을 사용하지 않는다. 호주 국립 중앙 HIV사회연구소 존 드윗 연구원은 "2011년 에이즈 감염조사 결과, 1/3의 동성애자들이 콘돔 등 보호 용품 없이 성관계를 하고 있어 에이즈 발생률을 상당히 높이고 있다."고 밝혔다.[18]

2012년 미국 존스홉킨스대학 연구팀의 보고서에서 똑같이 피임기구를 사용하지 않았더라도 항문성관계를 할 경우 에이즈에 걸릴 확률은 1.4%로, 정상적 방식으로 성관계를 할 때의 에이즈 감염률보다 무려 18배 높은 것으로 나타났다.[14]

게이 공동체와 관련을 맺는 남성 동성애자는 게이 공동체와 관련이 없는 남성 동성애자에 비해 네 배의 파트너를 가져서, 6개월 동안 50명 이상의 파트너와 관계를 가진다. 이것은 동성애자라는 것을 비밀로 하고 관계를 가지는 것보다 동성애자임을 밝히고 관계를 가지는 것이 더 위험함을 뜻한다. 남성 동성애자로서의 정체성을 밝힘으로써 난잡한 성관계가 더욱 심해질 수 있고, 더 많은 상대자와 관계를 가지게 된다. 이 사실은 동성애를 정상으로 인정하고 합법화하는 것이 위험하다는 것을 나타낸다.

1986년부터 1990년까지 집계된 자료에 따르면, 20세의 남성 동성애자들이 55세가 되어 에이즈에 감염될 확률은 50%나 된다. 2001년 6월에는 에이즈에 걸린 남성 환자의 64%가 다른 남성과 관계를 가진 적이 있는 것으로 밝혀졌다. 남성 동성애자의 파트너는 대다수 모르는 사람이며, 에이즈가 발견된 후에도 여전히 모르는 사람과 위험한 성관계를 가진다.[119] 대부분 성인용 도서판매점, 인터넷 등을 통해 알게 된 익명의 대상자들과 관계를 가진다.

이들의 난잡한 성관계는 에이즈뿐만 아니라 매독 등의 성병이 높은 비율로 발생하는 중요한 원인이 된다. 2001년 자료에 따르면, 매독 환자의 93%가 남성 동성애자와 남성 양성애자와 관련이 있고, 이 환자들은 무려 1,225명의 파트너와 관계를 가진 것으로 드러났다.[11]

5) 국내 청소년과 청년의 에이즈 감염 급증

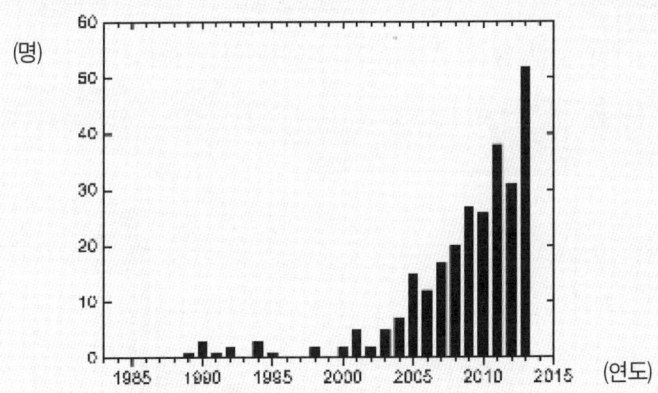

그림 16. 15~19세 남성의 연도별 신규 에이즈 감염자 수

최근에 동성애로 인하여 국내 청소년 에이즈 감염자가 급증하고 있다. 〈그림 16〉에서 보는 것처럼, 15~19세의 남성 신규 에이즈 감염자 수를 연도

별로 살펴보면, 2000년 전까지는 거의 청소년 에이즈 감염자가 없다가 2003년 이후로 급격히 증가함을 볼 수 있다. 2000년에 2명이었다가 2013년에 52명으로 14년 사이에 26배 증가했다. 2009년에서 2011년까지 3년 동안에 증가한 10~19세 감염자의 감염 경로를 살펴보면, 이성 간 성 접촉이 27명(42%)이고, 동성 간 성 접촉이 37명(57%) 등이다.

따라서 최근 청소년 에이즈 감염자의 급증은 동성애로 말미암아 일어나고 있음을 알 수 있다. 이러한 청소년 에이즈 감염자의 증가로부터 최근 성인 동성애자들이 청소년 파트너를 많이 찾고 있음을 추측할 수 있고, 청소년은 동성애를 미화하는 영화, 드라마, 동성애를 옹호하는 학생인권조례, 교과서 등에 의해 동성애에 대한 거부감을 갖지 않고 쉽게 동성애 유혹에 빠지는 것으로 추측된다. 또한 국가인권위원회의 권고로 2004년에 동성애 표현 매체물이 청소년 유해 매체물에서 제외되었으며, 그 후에 동성애자의 웹 사이트가 활성화되고 개수가 증가하여, 청소년이 인터넷 채팅 등을 통해 쉽게 동성애를 접할 수 있게 된 것도 2004년부터 청소년 에이즈 환자가 증가하게 된 요인이라고 본다.

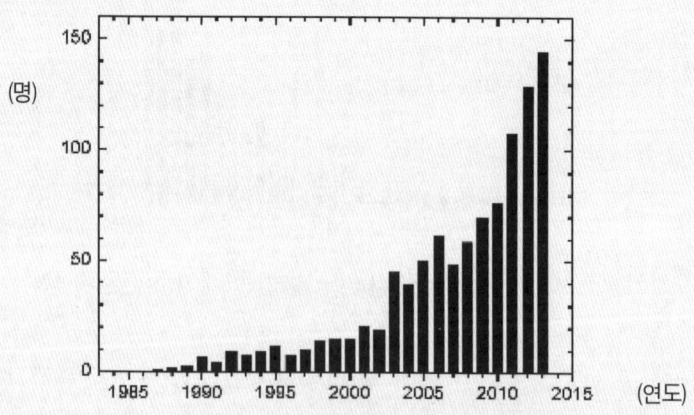

그림 17. 20~24세 남성의 연도별 신규 에이즈 감염자 수

〈그림 17〉에서 보는 것처럼 20~24세의 남성 신규 에이즈 감염자 수를 연도별로 살펴 보면, 2000년에 15명이었다가 2013년에 145명으로 14년 사이에 10배 증가했다. 질병관리본부의 자료로부터 남성 HIV 감염자 수를 연령별로 보면, 〈그림 18〉에서 보는 것처럼 2000년, 2005년, 2010년에는 30대가 가장 많다가 2013년에는 20대가 가장 많은 것을 볼 수 있다. 앞으로 10대, 20대 감염자 수가 급격히 많아질 우려가 크므로, 청소년 및 청년들의 에이즈 감염을 막기 위한 대책이 시급히 필요하다.

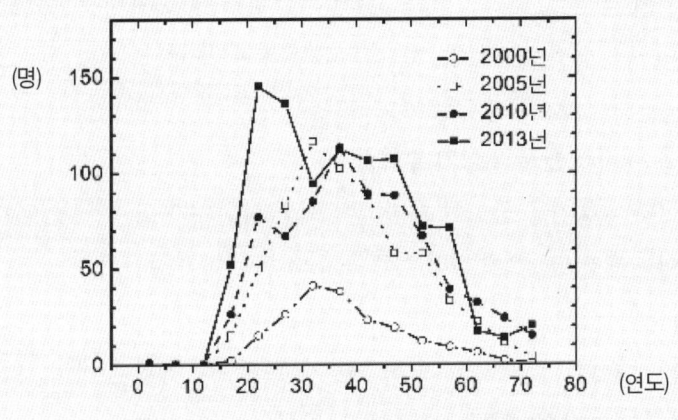

그림 18. 연령별 남성 신규 HIV 감염자 수

표 10. 미국 질병관리본부가 만든 2011년 젊은 남성 에이즈 감염 경로 현황

감염 경로	13 ~ 19세		20 ~ 24세	
	감염자수(명)	백분율(%)	감염자수(명)	백분율(%)
동성 간의 성접촉	1,664	92.8	6,354	90.8
마약 사용자	23	1.4	117	1.7
동성 간의 성접촉 및 마약 사용자	37	2.1	232	3.3
이성 간의 성접촉	67	3.7	294	4.2
합계	1,794	100	6,998	100

〈표 10〉에서 2011년에 미국 13~24세 남성 에이즈 감염자의 94~95%가 동성애로 감염되었음을 볼 수 있다.[120] 현재 한국 청소년들이 동성애와 에이즈와의 관계와 같은, 동성애가 가지는 위험성을 전혀 알지 못하고 무방비 상태로 동성애에 노출되어 있다. 이러한 상태를 방치하면, 한국도 미국과 같은 수준으로 동성애로 청소년 에이즈 감염자가 증가할 가능성이 매우 높다. 즉, 동성애를 하도록 청소년들을 유혹하는 환경과 문화를 막지 않으면, 청소년 동성애자가 앞으로 더 급격히 증가할 우려가 높다. 따라서 시급히 학교교육 등을 통하여 동성애와 에이즈와의 관계에 대한 정확한 실상을 학생에게 알려주어 동성애에 대한 경각심을 갖도록 해야 한다.

6) 생존 에이즈 환자의 장기 후유증

효과적인 약물치료 방법이 개발되어 에이즈 환자가 장기간 생존할 가능성이 높아지고 있다. 그에 따라 합병증도 다수의 에이즈 환자에게서 발생되고 있다.

에이즈에 의한 직접 사망원인이 카포시 육종(암), 폐렴 등이며 장기적으로 암 발생이 높아지고, 에이즈에 따른 전신 쇠약으로 장기간 치료를 받아야 한다. 에이즈 환자가 증가하고 그들이 장기간 생존한다면 그에 따라 의료비도 폭발적으로 증가할 것으로 예상된다. 에이즈의 면역결핍증으로 인한 장기 합병증은 다음과 같다

- 결핵: 특히 저개발국에서 심각하며 중요 사망원인이 되고 있다.
- 장티푸스(salmonellosis): HIV를 가진 사람이 잘 걸린다.
- 헤르페스: 거대세포바이러스(cytomegalovirus)가 침, 피, 소변, 정액 등으로 전염되어 눈, 위와 장, 폐 등을 손상시킨다.

- 칸디다증(candidiasis): 입, 혀, 식도, 질 등에 염증을 야기한다.
- 뇌막염: 세균에 의한 뇌막염이 흔히 발생한다.
- 톡소플라즈마증(toxoplasmosis): 고양이에 의해 감염되는 기생충 톡소프라즈마(toxoplasma gondii)에 의한 감염증으로 기형이나 시력장애를 야기한다.
- 작은와포자충(cryptosporidiosis): 동물에 있는 기생충으로 장과 담도에 장애를 야기하여 설사를 일으킨다.

① HIV/AIDS에 흔한 암
- 카포시 육종(Kaposi's sarcoma): 혈관벽의 암으로 일반인에게는 매우 드물게 나타나지만, 에이즈 환자에는 매우 흔히 나타난다. 피부와 입에 붉은색 또는 자색의 암이 나타난다. 장과 폐에도 나타난다.
- 임파선암(lymphoma): 목, 겨드랑, 서혜부의 임파선이 커지는 것으로 나타난다.

② 기타
- 쇠약증후군: 체중 감소, 설사, 무력상태, 열 등으로 나타난다.
- 신경정신과적 합병증: 혼동, 건망증, 우울증, 불안, 보행장애 등이 나타나다가, 결국 치매가 된다.
- 신장장애: HIV-관련 신증후군(HIV-associated nephropathy: HIVAN)은 신장의 염증으로 수분 배설이 방해된다.

7) 에이즈 치료

과거에는 에이즈가 불치병이었으나, 에이즈 바이러스를 조절하는 요법인 고활성 항바이러스 요법으로 치료가 어느 정도 가능해졌다. 여러 항바이러스 제제를 병합해서 강력하게 치료하는 요법인데, 비용이 많이 든다. 치료가 가능해짐에 따라 많은 환자가 생존하게 되었는데, 이들이 나이가 들면서 많은 다른 정신적 또는 신체적 질병으로 고통을 받는 기간도 연장되었다. 장기간 생존함에 따라 에이즈 치료 뿐 아니라 합병증에 대한 의료비도 상승하고 있다.

8) 의료비 문제

에이즈 환자의 1년 의료비를 3,000만원이라고 가정하고 국내에 감염된 남성 동성애자를 14,000~21,000명이라고 가정하면, 그들에 대한 의료비는 대략 4,200~6,300억 원이며, 전액 국가 예산에서 지원된다.

영국은 인구가 6,400만으로 한국과 비슷하지만, 에이즈 감염자와 동성애자의 수는 대략 우리의 열 배이다. 영국처럼 동성애로 인해 국내 에이즈 감염자가 열 배 증가하면, 이들을 위한 1년 의료비가 4~6조원이 된다.

위의 추산은 에이즈에 감염된 남성 동성애집단의 진료비만을 나타냈으며, 전체 에이즈 감염자의 진료비는 위 금액의 두 배 이상이다.

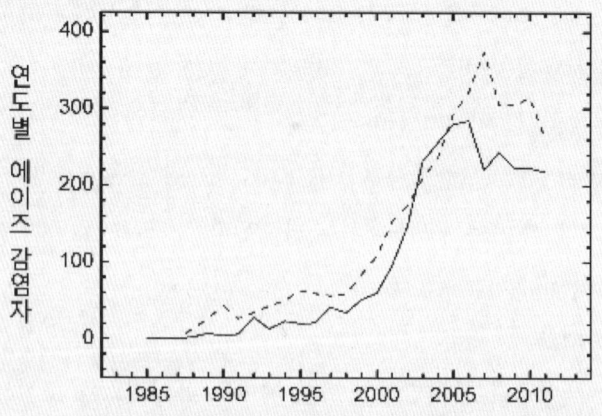

그림 19. 감염 경로에 따른 연도별 신규 에이즈 감염자 수

〈그림 19〉는 국내 질병관리본부의 통계자료인데, 실선은 동성 간 성관계로 에이즈에 감염된 사람 수를 나타내며, 대시는 이성 간 성관계로 에이즈에 감염된 사람 수를 나타낸다. 연도별 에이즈 감염자의 수를 살펴보면, 동성 간 성관계로 감염된 사람 수는 2006년에 최대에 도달한 후 감소하였고, 이성 간 성관계로 감염된 사람 수는 2007년에 최대에 도달한 후 감소하였다. 1년의 시간 차이를 두고 동성 및 이성 간 성 관계로 에이즈에 감염된 사람 수가 비슷한 양상을 보임으로써, 이성 간 성관계로 감염된 사람 중의 상당수는 동성 간 성관계로 감염된 사람의 영향을 받았을 가능성을 강력히 시사한다. 2013년에 한국에이즈퇴치연맹 상임부회장은 "에이즈가 만연한 사회에서는 동성애자에서 양성애자로, 결국 이성애자로까지 퍼진다. 한국은 아직 동성애자가 대부분인 1단계이지만 10~30대의 젊은 층이 빠르게 늘어나고 있으며, 이성애자들에게 확산되면 절대적인 숫자가 늘어난다."고 경고하였다.[121] 그러므로 남성 동성애집단의 증가는 한국 사회에 에이즈 감염자의 증가를 가져와서 국민 건강에 위해요소로 작용할 뿐만 아니라 국가의 경제발전에도 심각한 악영향을 끼치고 일반국민에게 세금폭탄을 안길 것으로 예상된다.

9) 우려되는 한국의 미래

에이즈가 동성애로 말미암아 확산된다는 객관적 통계가 있음에도 서구에서는 동성애 합법화를 막지 못했다. 동성애자의 수가 어느 정도 이상으로 증가하면 어떤 이유와 노력도 동성애가 확산되는 것을 막지 못한다.

다행히 한국의 동성애자 수는 아직 많지 않고 에이즈 환자의 수도 적은데, 동성애가 확산되면 서구처럼 에이즈 환자가 증가할 가능성이 매우 높다. 에이즈 환자 증가를 막기 위해서도 동성애 확산을 저지하는 노력을 해야 한다.

위에서 기술한 내용에 대한 반론으로 에이즈 환자가 가장 많은 곳은 아프리카이며 그 이유는 가난이라고 말한다. 그러나 한국과 서구 사회의 경우에는 에이즈 감염 이유가 가난 때문이 아니라 불건전한 성 접촉 때문이므로 아프리카와 비교해서는 안 된다.

다른 반론으로 여성 대부분이 이성 간 성 접촉에 의해 감염되었다는 통계를 언급하면서, 여성은 오히려 동성 간 성 접촉을 해야겠다고 말한다. 그러나 통계 자료가 의미하는 것은 에이즈가 동성애로 말미암아 남성들에게 많이 퍼져 있으며, 여성들은 에이즈에 감염된 남성에 의해 감염되는 경우가 대부분이라는 것이다. 이것을 이유로 동성 간 성 접촉을 해야 한다는 주장은 타당하지 않다.

마지막으로 강조하고 싶은 것은, 위에서 언급한 정보들은 에이즈 감염자에 대한 어떠한 편견을 유발하기 위한 것이 아니라 동성애와 에이즈는 서로 밀접한 관계가 있음을 보여주기 위해서이다.

10) 동성애자의 헌혈 제한

남성 동성애자의 에이즈 바이러스 보균 비율이 매우 높기 때문에, 대다수 국가들은 남자 동성애자의 헌혈을 일정 기간 금지한다. 한국, 영국, 호주, 일본, 스웨덴 등은 남성 동성애자와 성관계를 한 후 1년 동안, 남아프리카공화국은 6개월 동안 헌혈을 금지한다. 미국과 중국은 남자 동성애자에 대해 평생 헌혈을 금지하고 있다.

2013년 5월에 캐나다는 평생 헌혈금지에서 최근 5년간 동성과 성관계를 한 적이 없는 남성에 한하여 헌혈을 허용하도록 방침을 바꾸었다. 캐나다 혈액원 디바인 부총재는 다음과 같이 말했다. "2011년 남성 간의 성관계를 통한 에이즈 감염 비율이 전체의 47%를 차지했다. 남자 동성애자들의 헌혈을 일정 기간 금지하는 것은 캐나다만이 아니다." 또한 캐나다 보건부의 원로 의료고문 로버트 커시먼은 "남성 동성 간의 성행위는 위험행위이다. 해부학상의 근거도 충분하고, 과학적인 설명도 가능하다. 위험요소를 알면서 그 혈액을 사용하는 것은 부당한 일이다. 동성애자의 헌혈 금지 조치는 위험성을 최소화하기 위한 기본적인 정책이다."라고 말했다.[10]

이처럼 동성애자의 헌혈 제한은 전세계적이며 무고한 피해자를 막기 위한 불가피한 조치이다. 그럼에도 불구하고 동성애자들은 헌혈 제한이 그들을 차별하고 수치심을 줄 뿐만 아니라 헌혈할 자유를 박탈하는 처사라고 주장한다. 이것은 일반인이 에이즈에 걸리지 않도록 만든 최소한의 안전장치마저도 제거하려는 이기적이고 위험한 주장이다.

■ 관련 홈페이지 주소

_ 외국 자료

1. http://www.mygenes.co.nz
본서가 많이 참고하였던, 동성애에 관한 학술적인 내용을 자세히 소개하는 와이트헤드박사의 홈페이지이다.

2. www.narth.com
많은 전문가들이 힘을 합쳐서 동성애에 관한 학술 연구, 상담, 치료를 위해 만든 홈페이지이다.

3. http://www.tvnext.org
미국의 한인 교포가 만든 홈페이지이며, 서구 사회가 가지고 있는 동성애, 낙태 등의 문제점을 실시간으로 알 수 있다.

4. http://testpathvoc.weebly.com
대략 백 명의 탈동성애자들의 사례를 다룬 홈페이지이다.

_ 국내 자료

5. http://www.cfms.kr (바른성문화를위한국민연합)
왜곡된 성문화를 바로잡고 건전한 성문화를 정착시키기 위하여 설립된 시민단체의 홈페이지이며, 현재 논란이 되는 이슈들을 실시간으로 알 수 있다.

6. http://blog.naver.com/pshskr (건강한사회를위한국민연대)
동성애와 포괄적 차별금지법의 문제점을 지적하는 시민단체의 블로그이며, 관련된 유익한 자료들이 많이 있다.

7. http://cafe.daum.net/consult (이요나목사의 동성애상담카페)
예전에는 동성애자이었지만, 지금은 동성애자들을 상담하는 이요나목사의 상담치유카페이다.

8. http://www.khtv.org/index.php (대한민국희망TV)
건강한 사회, 희망찬 대한민국을 만들어가기 위한 인터넷방송이며, 동성애 관련 동영상들이 많이 있다.

주

chapter 1 동성애란 무엇인가?

1. 동성애의 정의
[1] 바른성문화를위한국민연합 (2013). 동성애에 대한 불편한 진실. 서울: 고려문화사, 13쪽.

2. 동성애자는 얼마나 많은가?
[1] Kinsey, A. C., W. B. Pomeroy, and C. E. Martin (1948). Sexual Behavior in the Human Male. Philadelphia: W. B. Saunders.
[2] Kinsey, A. C., W. B. Pomeroy, C. E. Martin, and P. H. Gebhard (1953). Sexual Behavior in the Human Female. Philadelphia: W. B. Saunders.
[3] Reisman, J. A. and E. W. Eichel (1990). Kinsey, Sex, and Fraud. Lafayette, LA: Lochinvar-Huntington House.
[4] Whitehead, B. (2003). Craving for Love. 이혜진 역 (2007). 나는 사랑받고 싶다. 서울: 웰스프링, 162~163쪽.
[5] Epstein, J. (1998) The secret life of Alfred Kinsey, Commentary January 35.
[6] Whitehead, N. and B. Whitehead (2010). My Genes Made Me Do It! Homosexuality and the scientific evidence, Layfayette, Louisiana: B. K. Huntington House, pp43~45.
[7] http://statcan.gc.ca/daily-quotidien/040615/dq040615b-eng.htm
[8] Chandra, A., W. D. Mosher, C. Copen, and C. Sionean (2011). "Sexual Behavior, Sexual Attraction, and Sexual Identity in the United States: Data From the 2006~2008 National Survey of Family Growth." National Health Statistics Reports, 36, pp29~30.
[9] http://www.theguardian.com/news/datablog/2010/sep/23/gay-britain-ons?guni=Article:in%20body%20link

3. 한국의 동성애자 빈도
[1] 연합뉴스, 국내 동성애자 11만명 추정, 1998. 1. 9.
[2] 양봉민·최운정 (2004). "한국에서 HIV/AIDS 감염의 경제적 영향." 서울대학교 보건대학원 연구보고서, 9쪽.
[3] http://www.sexacademy.org/xe/index.php
[4] http://kosis.kr/statisticsList/statisticsList_01List.jsp?vwcd=MT_ZTITLE&parentId=A#SubCont
[5] 질병관리본부 (2012). 2011 HIV/AIDS 신고현황 연보, 36쪽.

chapter 2 동성애는 유전되는가?

1. 생명체의 행동양식에 대한 유전자의 일반적인 사실

[1] Pierce, B. J. (2009). Genetics: A conceptual approach/3e New York: W. H. Freeman.
[2] Beardsley, T. (1991). Smart Genes, Scientific American 265(February), 73.
[3] Davierwala, A. P., J. Haynes, Z. Li, R. L. Brost, M. D. Robinson, L. Yu, S. Mnaimneh, H. Ding, H. Zhu, Y. Chen, X. Cheng, G. W. Brown, C. Boone, B. J. Andrews, and T. R. Hughes (2005). The synthetic genetic interaction spectrum of essential genes, Nature Genetics 37, 1147.

2. 동성애로는 출산할 수 없다

[1] The Regents of the University of California, California Health Interview Survey 2005. 2007. Accessed September 2008.
[2] Cameron, P., T. Landess, and K. Cameron (2005). Homosexual sex as harmful as drug abuse, prostitution or smoking, Psychological Reports 95, 915.
[3] Johnson, A. M., J. Wadsworth, K. Wellings, and J. Field (1994). Sexual Attitudes and Lifestyles, Oxford: Blackwell.
[4] Harry, J. (1990). A probability sample of gay males, Journal of Homosexuality 19(1), 89.
[5] Jeffries, W. L. (2009). Sociodemographic, Sexual, and HIV and Other Sexually Transmitted Disease Risk Profiles of Non Homosexual-Identified Men Who Have Sex With Men, American Journal of Public Health 99, 1042.
[6] Wells, J. E., M. A. McGee, and A. L. Beautrais (2011). Multiple Aspects of Sexual Orientation: Prevalence and Sociodemographic Correlates in a New Zealand National Survey, Archives of Sexual Behavior 40(1), 155-168.
[7] Cleveland, P. H., L. H. Walters, P. Skeen, and B. E. Robinson (1988). If your child had AIDS...: responses of parents with homosexual children, Family Relations 37, 150.
[8] Camperio-Ciani, A., F. Corna, and C. Capiluppi (2004). "Evidence for maternally inherited factors fovouring male homosexuality and promoting female fecundity." Proc. R. Soc. Lond. B 271. 2217-2221.

3. 쌍둥이 연구

[1] Kallmann, F. (1952). Twin and sibship study of overt male homosexuality. American J. of Human Genetics 4. 136.
[2] Bailey, J. M. and R. Pillard (1991). A genetic study of male sexual orientation. Archives of General Psychiatry 48. 1089.
[3] Bailey, J. M., R. C. Pillard, M. C. Neale and Y. Agyei (1993). Heritable Factors Influence Sexual Orientation in Woman, Archieves of General Psychiatry 50, 217-23.
[4] Whitehead, N. and B. Whitehead (2010). My Genes Made Me Do It! Homosexuality and the

scientific evidence, Layfayette, Louisiana: B. K. Huntington House, p180.
[5] King, M. and E. McDonald (1992). Homosexuals Who Are Twins: A Study of 46 Probands, British Journal of Psychiatry 16, 407-9.
[6] Bailey, J. M., M. P. Dunne, and N. G. Martin (2000). Genetic and Environmental influences on sexual orientation and its correlates in an Australian twin sample. Journal of Personality and Social Psychology 78. 524.
[7] Jones, S. L. and M. A. Yarhouse (2000). Homosexuality. The use of scientific research in the church's moral debate Downers Grove, Illinois: IVP.
[8] Kirk, K. M., N. G. Martin, and J. M. Bailey (2000). Etiology of male sexual orientation in an Australian twin sample, Psychology, Evolution and Gender 2.3, 1.
[9] Kendler, K. S., L. M. Thornton, S. E. Gilman, and R. C. Kessler (2000). Sexual orientation in a US national sample of twin and non-twin sibling pairs. American Journal of Psychiatry, 157, 1843-1846.
[10] Langstrom, N., Q. Rahman, E. Carlstrom, P. Lichtenstein (2010). Genetic and Environmental Effects on Same-sex Sexual Behavior: A Population Study of Twins in Sweden Archives of Sexual Behavior 39, 75-80.
[11] 한국일보 2009. 3. 18일자 25면 "동성애는 왜 존재하는가."
[12] http://kin.naver.com/qna/detail.nhn?d1id=11&dirId=1116&docId=115477015&qb=64Ko7l SxlOuPmeyEseyVoOyekCDrqqjqs4TsnZggWOyXvOyDieyytCDsnKDsolTsolE =&enc=utf8& section=kin&rank= 1&search_sort=0&spq=0&pid=RTSgfF5Y7uwsst6fctlsssssst0-081800&sid= UWVSqHJvLBY AAGyabnY.

4. 동성애 유전자는 존재하는가?

[1] Hamer, D. H., S. Hu, V. L. Magnuson, N. Hu, and A. M. L. Pattatucci (1993). "A linkage between DNA markers on the X-chromosome and male sexual orientation." Science 261. 321.
[2] Hu, S., A. M. L. Pattatucci, C. Patterson, L. Li, D. W. Fulker, S. S. Cherny, L. Kruglyak, and D. Hamer (1995). "Linkage between sexual orientation and chromosome Xq28 in male but not in females." Nature Genetics 11. 248.
[3] Marshall, E. (1995). "NIH's 'Gay Gene' Study Questioned." Science 268. 1841.
[4] Rice, G., C. Anderson, N. Risch, and G. Eber (1999). "Male homosexuality: absence of linkage to microsatellite markers at Xq28." Science 284. 665.
[5] Mustanski, B. S., M. G. DuPree, C. M. Nievergelt, S. Bocklandt, N. J. Schork, and D. H. Hamer (2005). "A genomewide scan of male sexual orientation." Human Genetics 116. 272.
[6] http://en.wikipedia.org/wiki/Genetic_linkage
[7] Ramagopalan, S. V., D. A. Dyment, L. Handunnetthi, G. P. Rice, and G. C. Ebers (2010). "A genome-wide scan of male sexual orientation." Journal of Human Genetics 55. 131.
[8] http://www.theguardian.com/science/2014/feb/14/genes-influence-male-sexual-orientation-study
[9] http://shjhandsome.tistory.com/243

5. 동성애에 미치는 유전적 영향의 상대적 비율

[1] Santtila, P., N. K. Sandnabba, N. Harlaar, M. Varjonen, K. Alanko, and B. von der Pahlen (2008). Potential for homosexual response is prevalent and genetic, Biological Psychology 77(1), 102.
[2] Bailey, J. M., M. P. Dunne, and N. G. Martin (2000). Genetic and Environmental influences on sexual orientation and its correlates in an Australian twin sample. Journal of Personality and Social Psychology 78. 524.
[3] Buhrich, N., J. M. Bailey, and N. G. Martin (1991). Sexual orientation, sexual identity, and sex-dimorphic behaviors in male twins, Behavior Genetics 21, 75.
[4] Hershberger, S. L. (1997). A twin registry study of male and female sexual orientation, Journal of Sex Research 34, 212.
[5] Kirk, K. M., J. M. Bailey, M. P. Dunne, and N. G. Martin (2000). Measurement models for sexual orientation in a community twin sample, Behavior Genetics 30, 345.
[6] Langstrom, N., Q. Rahman, E. Carlstrom, P. Lichtenstein (2010). Genetic and Environmental Effects on Same-sex Sexual Behavior: A Population Study of Twins in Sweden Arch Sex Behav 39, 75-80.
[7] Alanko, K., P. Santtila, N. Harlaar, K. Witting, K. Varjonen, P. Jern, A. Johansson, B. von der Pahlen, and N. K. Sandnabba (2010). Common Genetic Effects of Gender Atypical Behavior in Childhood and Sexual Orientation in Adulthood: A Study of Finnish Twins, Archives of Sexual Behavior 39(1), 81.
[8] Whitehead, N. and B. Whitehead (2010). My Genes Made Me Do It! Homosexuality and the scientific evidence, Layfayette, Louisiana: B. K. Huntington House, pp193-197.
[9] Bailey, J. M., D. Bobrow, M. Wolfe, and S. M. Mikach (1995). Sexual orientation of adult sons of gay fathers, Developmental Psychology 31, 124.
[10] Graham P. J. and J. Stevenson (1985). A twin study of genetic influences on behavioural deviance, Journal of the American Academy of Child Psychiatry 24, 33.
[11] Eaves, L. J., K. A. Last, D. A. Young, and N. G. Martin (1978). Model fitting approaches to the analysis of human behaviour, Heredity 41, 249.
[12] Kirk, K. M., N. G. Martin, and J. M. Bailey (2000). Etiology of male sexual orientation in an Australian twin sample, Psychology, Evolution and Gender 2.3, 1.
[13] Whitehead, N. and B. Whitehead (2010). My Genes Made Me Do It! Homosexuality and the scientific evidence, Layfayette, Louisiana: B. K. Huntington House, p202.
[14] Boardman, J. D., C. L. Blalock, and F. C. Pampel (2010). Trends in the genetic influences on smoking. Journal of Health and Social Behavior 51(1), 108-23.
[15] Torgerson, A. M. (1987). Longitudinal research on temperament in twins. Increase in genetic contribution with age, Acta Geneticae Medicae et Gemellologiae 36, 145.
[16] Harris, J. R. (1992). Age differences, Journals of Gerontology 47, 213.
[17] Wilson, R. S. (1983). The Louisville twin study: developmental synchronies in behavior, Child

Development 54, 296.
[18] McClearn, G. E., B. Johansson, S. Berg, N. L. Pedersen, F. Ahern, S. A. Petrill, and R. Plomin, (1997). Substantial genetic influence on cognitive abilities in twins 80 or more years old, Science 276, 1560.
[19] Fischbein, S., R. Guttman, M. Nathan, A. Esrachi (1990). Permissiveness-restrictiveness for twins and the Israeli Kibbutz, Acta Geneticae Medicae et Gemellologiae 39, 245.
[20] Fischbein S. and R. Guttman (1992). Twins' perception of their environment: a cross-cultural comparison of changes over time, Acta Geneticae Medicae et Gemellologiae 41, 275.
[21] Akerman B. A. and S. Fischbein (1992). Within-pair similarity in MZ and DZ twins from birth to eighteen years of age, Acta Geneticae Medicae et Gemellologiae 41, 155.
[22] Abdel-Rahim, A. R., C. T. Nagoshi, and S. G. Vandenberg (1990). Twin resemblance in cognitive ability in an Egyptian sample, Behavior Genetics 20, 33.

6. 기타 일반적인 유전학에 기초한 추론

[1] Borowski, R. No title, BBC Science magazine 6/9/1993.
[2] Plomin, R. (1990). The Role of Inheritance in Behavior, Science 248, 183.
[3] Toma, D. P., K. P. White, J. Hirsch, and R. J. Greenspan, (2002) Idenfication of genes invol-ved in Drosophila melanogaster geotaxis, a complex behavioral trait, Nature Genetics 31, 349.
[4] Plomin, R. (1990). The Role of Inheritance in Behavior, Science 248, 183.
[5] Figure is taken from PEDINFO on the internet at http://w3.lhl.uab.edu in 1999.
[6] Cavalli-Sforza, L. L. and W. F. Bodmer (1971) The Genetics of Human Populations San Francisco: W. H. Freeman.
[7] Whitehead, N. and B. Whitehead (2010). My Genes Made Me Do It! Homosexuality and the scientific evidence, Layfayette, Louisiana: B. K. Huntington House, p24, 35.
[8] Kessler, R. C., K. A. McGonagle, S. Zhao, C. B. Nelson, M. Hughes, S. Eshleman, H. U. Wittchen, and K. S. Kendler (1994). Lifetime and 12-month prevalence of DSM-III-R psychiatric disorders in the United States, Archives of General Psychiatry 51, 8.

chapter 3 동성애는 태아기의 성호르몬에 의해 결정되는가?

1. 동성애자의 손가락과 태아기 호르몬의 영향

[1] Ellis, L. and M. A. Ames (1987). Neurohormonal functioning and sexual orientation: A theory of homosexuality/heterosexuality, Psychological Bulletin 101, 233.
[2] Meyer-Bahlburg, H. F. L. (1984). Psychoendocrine research on sexual orientation: current status and future options, Progress in Brain Research 61, 375.
[3] Murphy, T. F. (1992). Redirecting sexual orientation: techniques and justifications, Journal of Sex Research 29, 501.

[4] Kwan, M., W. J. Greenleaf, J. Mann, L. Grapo, and J. M. Davidson (1983). The nature of androgen action on male sexuality-a combined laboratory-self-report study on hypogonadal men, Journal of Clinical Endocrinology and Metabolism 57, 557.

[5] Dennerstein, L. and G. D. Burrows (1982). Hormone replacement therapy and sexuality in women, Clinics in Endocrinology and Metabolism 11, 661.

[6] Williams, T., M. E. Pepitone, S. E. Christensen, B. M. Cooke, A. D. Huberman, N. J. Breedlove, T. J. Breedlove, C. L. Jordan, and S. M. Breedlove (2000). Finger-length ratios and sexual orientation, Nature 404, 455.

[7] Manning, J., D. Scutt, J. D. Wilson, and D. I. Lewis-Jones (1998). The ration of the 2nd to 4th digit length: A predictor of sperm number and concentrations of testosterone, luteinizing hormone and oestrogen, Human Reproduction 13, 3000.

[8] Brown, W. M., M. Hines, B. Fane, and S. M. Breedlove (2001). Masculinized finger length ratios in humans with congenital adrenal hyperplasia(CAH). Hormones and Behavior 39. 325.

[9] Martin, J. T. and D. H. Nguyen (2004). Anthropometric analysis of homosexuals and heterosexuals: implications for early hormone exposure. Hormones and Behavior. 45, 31-39.

[10] Lutchmaya, S., S. Baron-Cohen, P. Raggatt, R. Knickmeyer, and J. T. Manning (2004). 2nd to 4th digit ratios, fetal testosterone and estradiol. Early Human Development. 77, 23-28.

[11] McFadden, D. and E. Shubel (2003). The relationships between otoacoustic emissions and relative lengths of fingers and toes in humans, Hormones and Behavior 43(3), 421.

[12] Holt, S. B. (1968). The genetics of dermal ridges, Springfield, IL: Charles C Thomas.

[13] Hall, J. A. Y. and D. Kimura (1994). Dermatoglyphic asymmetric and sexual orientation in men, Behavioral Medicine 108, 1203.

[14] Mustanski, B. S., J. M. Bailey, and S. Kasper, (2002). Dermatoglyphics, handedness, sex, and sexual orientation, Archives of Sexual Behavior 31, 113.

2. 태아기 과량 분비 호르몬의 영향

[1] Ehrhardt, A. A., H. F. L. Meyer-Bahlburg, J. F. Feldman, and S. E. Ince, (1984). Sex-dimorphic behavior in childhood subsequent to prenatal exposure to exogenous progestogens and estrogens, Archives of Sexual Behavior 13, 457.

[2] Lish, J. D., H. F. L. Meyer-Bahlburg, M. Ehrhardt, B. G. Travis, and N. P. Veridiano (1992). Prenatal exposure to diethylstilbestrol (DES): childhood play behavior and adult gender-role behavior in women, Archives of Sexual Behavior 21(5), 423.

[3] Gooren, L. (1990). Biomedical Theories of Sexual Orientation: A Critical Examination. In Homosexuality/Heterosexuality, ed. D. P. McWhirter, S. A. Sanders, and J. M. Reinisch, New York: Oxford University Press, pp. 71-87.

[4] Money, J., M. Schwartz, and V. G. Lewis (1984). Adult erotosexual status and fetal hormonal masculinization and demasculinization: 46, XX congenital virilizing adrenal hyperplasia and 46, XY androgen-insensitivity syndrome compared, Psychoneuroendocrinology 9, 405.

[5] McConaghy, N. (1987). Heterosexuality/Homosexuality: dichotomy or continuum, Archives of Sexual Behavior 16, 411.
[6] Mustanski, B. S., M. L. Chivers and J. M. Bailey, (2003). A critical review of recent biological research on human sexual orientation, Annual Review of Sex Research 13, 89.
[7] Young, E. W., P. Barthalow, and D. Bailey (1989). Research comparing the dyadic adjustment and sexual functioning concerns of diabetic and nondiabetic women Health Care Women International 10, 377-394.
[8] Banks, A. and N. K. Gartrell (1995). Hormones and sexual orientation: a questionable link, Journal of Homosexuality 30, 247.
[9] Meyer-Bahlburg, H. F., C. Dolezal, S. W. Baker, and M. I. New (2008). Sexual orientation in women with classical or non-classical congenital adrenal hyperplasia as a function of degree of prenatal androgen excess, Archives of Sexual Behavior 37(1), 85.
[10] Frisen, L., A. Nordenstrom, H. Falhammar, H. Filipsson, G. Holmdahl, P. O. Janson, M. Thoren, K. Hagenfeldt, A. Moller, and A. Nordenskjold, (2009). Gender role behavior sexuality and psychosocial adaptation in women with congenital adrenal hyperplasia due to CYP21A2 deficiency, The Journal of Clinical Endocrinology and Metabolism 94(9), 3432.
[11] Dessens, A. B., F. M. E. Slijper, and S. L. S. Drop (2005). Gender dysphoria and gender change in chromosomal females with congenital adrenal hyperplasia, Archives of Sexual Behavior 34, 389.

3. 태아기의 호르몬 직접 측정과 그 영향

[1] Lombardo, M. V., E. Ashwin, B. Auyeung, et al. (2012). Fetal testosterone influences sexually dimorphic gray matter in the human brain. Journal of Neuroscience. 32(2), 674-680.
[2] Auyeung, B., S. Baron-Cohen, E. Ashwin, et al. (2009). Fetal testosterone predicts sexually differentiated childhood behavior in girls and in boys. Psychological Science. 20(2), 144-148.
[3] Knickmeyer, R. C., S. Wheelwright, K. Taylor, et al. (2005). Gender-typed play and amniotic testosterone. Developmental Psychology. 41, 517-528.
[4] van de Beek, C., S. H. M. van Goozen, J. K. Buitelaar, and P. T. Cohen-Kettenis (2009). Prenatal sex hormones (maternal and amniotic fluid) and gender-related play behavior in 13-month-old infants. Archives of Sexual Behavior. 38(1), 6-15.
[5] Fine, C. (2014). Delusions of Gender. 이지윤 역 (2014). 『젠더, 만들어진 성』. 서울: 휴먼사이언스, Ch9-10.

chapter 4 동성애를 하게 만드는 두뇌를 갖고 태어나는가?

[1] LeVay, S. (1991). A difference in hypothalamus structure between heterosexual and homosexual men. Science 253. 1034.

[2] Byne, W., S. Tobet, L. A. Mattiace, M. S. Lasco, E. Kemether, M. A. Edgar, S. Morgello, M. S. Buchsbaum, and L. B. Jones (2001). "The interstitial nuclei of the human anterior hypothalamus: an investigation of Sex, Sexual Orientation, and HIV Status." Hormones and Behavior 40. 86.

[3] Byne, W. (2006). "Developmental endocrine influences on gender identity: Implications for management of disorders of sex development." Mt Sinai Journal of Medicine 73. 950.

[4] Demeter, S., J. L. Ringo, and R. W. Doty (1988). Morphometric analysis of the human corpus callosum and anterior commissure, Hum. Neurobiol. 6 219-226.

[5] Allen, L. S. and R. A. Gorski (1991). "Sexual dimorphism of the anterior commissure and massa intermedia of the human brain." J. Comp. Neurol. 312. 97.

[6] Allen, L. S. and R. A. Gorski (1992). "Sexual orientation and the size of the anterior commissure in the human brain." Proceedings of the National Academy of Sciences 89. 7199.

[7] Highley, J. R., M. M. Esiri, B. McDonald, H. C. Roberts, M. A.Walker, and T. J. Crow (1999) "The size and fiber composition of the anterior commissure with respect to gender and schizophrenia." Biol. Psychiatry 45. 1120.

[8] Lasco, M. S., T. J. Jordan, M. A. Edgar, C. K. Petito, and W. Byne (2002). "A lack of dimorphism of sex or sexual orientation in the human anterior commissure." Brain Research 936. 95.

[9] Bishop, K. M. and D. Wahlsten (1997). "Sex differences in the human corpus callosum: myth or reality?" Neuroscience and Biobehavioral Reviews 21(5). 581.

[10] 한국일보 2009. 3. 18일자 25면 "동성애는 왜 존재하는가."

chapter 5 동성애의 선천성을 주장하는 기타 논리

1. 발생 과정의 문제

[1] Whitehead, N. and B. Whitehead (2010). My Genes Made Me Do It! Homosexuality and the scientific evidence, Layfayette, Louisiana: B. K. Huntington House, p32.

2. 형이 많을수록 남동생이 동성애자가 될 확률이 증가한다? - 면역이론

[1] Cantor, J. M., R. Blanchard, A. D. Paterson, and A. F. Bogaert (2002). How many gay men owe their sexual orientation to fraternal birth order? Archives of Sexual Behavior 31. 63-71.

[2] Blanchard, R. and A. F. Bogaert (1996). Homosexuality in men and number of older brothers, American Journal of Psychiatry 153, 27.

[3] Frisch, M and A. Hviid (2006). Childhood family correlates of heterosexual and homosexual marriages: a national cohort study of two million Danes. Archives of Sexual Behavior 35(5). 533-47.

[4] McConaghy, N., Hadzi-Pavlovic, D., Stevens, C., Manicavasagar, V., Buhrich, N. and U. Vollmer-Conner (2006). Fraternal birth order and ratio of heterosexual/homosexual feelings in women and

men. Journal of Homosexuality 51, 161-174.
[5] Martin, R. M., G. D. Smith, P. Mangtani, S. Frankel, and D. Gunnell (2002). Association between breast feeding and growth: the Boyd--Orr cohort study. Archives of Diseases of Childhood - Fetal and Neonatal Edition 87, F193-201.
[6] Hildebrand, H., Y. Finkel, L. Grahnquist, J. Lindholm, A. Ekbom, and J. Aksling (2003). Changing pattern of paediatric inflammatory bowel disease in northern Stockholm 1990-2001. Gut 52 1432-1434.
[7] Bogaert A. F. and S. Hershberger (1999). The relation between sexual orientation and penile size, Archives of Sexual Behavior 28, 213.
[8] Savin-Williams R. C. and G. L. Ream (2006). Pubertal onset and sexual orientation in an adolescent national probability sample. Archives of Sexual Behavior 35, 279-86.
[9] Ross, G., L. Sammaritano, R. Nass, and M. Lockshin (2003). Effects of Mothers' autoimmune disease during pregnancy on learning disabilities and hand preference in their children, Archives of Pediatric and Adolescent Medicine 157, 397.
[10] Sanders, G. and M. Wright (1997). Sexual orientation differences in cerebral asymmetry and in the performance of sexually dimorphic cognitive and motor tasks, Archives of Sexual Behavior 26, 463.
[11] Flannery, K. A. and J. Liderman (1994). A test of the immunoreactive theory for the origin of neurodevelopmental disorders in the offspring of women with immune disorder, Cortex 30, 635.
[12] Whitehead, N. (2007). An antiboy antibody? Re-examination of the maternal immune hypothesis, Journal of Biosocial Science 39(6), 905.
[13] Gooren, L. (2006). The biology of human psychosexual differentiation, Hormones and Behavior 50, 589.
[14] Juntunen, K. S., E. M. Laara, and A. J. Kauppila (1997). Grand grand multiparity and birth weight. Obstetrics and Gynecology 90, 495-499.
[15] Cardwell, C. R., D. J. Carson, and C. C. Patterson (2005). Parental age at delivery, birth order, birth weight and gestational age are associated with the risk of childhood Type 1 diabetes: a UK regional retrospective cohort study. Diabetic Medicine 22, 200-206.
[16] Richiardi, L., O. Akre, M. Lambe, F. Granath, S. M. Montgomery, and A. Ekbom (2004). Birth order, sibship size, and risk for germ-cell testicular cancer. Epidemiology 15, 323-329.
[17] Crawford, S. G., B. J. Kaplan, and M. Kinsbourne (1992). The effects of parental immunoreactivity on pregnancy, birth and cognitive development: maternal immune attack on the fetus? Cortex 28, 483-491.
[18] Bem, D. J. (1996). Exotic becomes erotic: a developmental theory of sexual orientation. Psychological Review 103, 320-335.
[19] Cantor, J. M., R. Blanchard, A. D. Paterson, and A. F. Bogaert (2002). How many gay men owe their sexual orientation to fraternal birth order? Archives of Sexual Behavior 31, 63-71.

chapter 6 동성애가 유전 및 선천성이 아니라면?

1. 동성애 형성에 영향을 미치는 요인

[1] 민성길 (2006). 최신정신의학. 제 5판. 서울: 일조각.
[2] 바른성문화를위한국민연합 (2013). 동성애에 대한 불편한 진실. 서울: 고려문화사, 15-18쪽.
[3] Roberts, A. L., M. M. Glymour, and K. C. Koenen (2013). Does maltreatment in childhood affect sexual orientation in adulthood? Archives of Sexual Behavior 42, 161.
[4] Marvasti, J. A., and V. Dripchak (2004). The trauma of incest and child sexual abuse: Psychobiological perspective. In J. A. Marvasti (Ed.), Psychiatric treatment of victims and survivors of sexual trauma(pp. 3-18). Springfield, IL: Charles C Thomas.

2. 유전보다 환경/경험

[1] Laumann, E. O., J. H. Gagnon, R. T. Michael, and S. Michaels (1994). The Social Organization of Sexuality (Chicago: University of Chicago Press.
[2] Frisch, M and A. Hviid (2006). Childhood family correlates of heterosexual and homosexual marriages: a national cohort study of two million Danes. Archives of Sexual Behavior 35(5), 533.
[3] Kinsey, A. C., W. B. Pomeroy, and C. E. Martin (1948). Sexual Behavior in the Human Male. Philadelphia: W. B. Saunders.
[4] Kinsey, A. C., W. B. Pomeroy, C. E. Martin, and P. H. Gebhard (1953). Sexual Behavior in the Human Female. Philadelphia: W. B. Saunders.

3. 환경/경험이 두뇌에 미치는 영향

[1] Shatz, C. J. (1992). The developing brain, Scientific American 267 (March)(3), 35.
[2] Byne, W. (1995). Science and belief: Psychobiological research on sexual orientation, Journal of Homosexuality 30, 303.
[3] Kandel, E. R. and R. D. Hawkins (1992). The biological basis of learning and individuality, Scientific American 267 (March)(3), 53.
[4] Durston, S., H. E. Hulshoff Pol, B. J. Casey, J. N. Giedd, J. K. Buitelaar, and H. van Engeland (2001). Anatomical MRI of the developing human brain: what have we learned?, Journal of the American Academy of Child and Adolescent Psychiatry 40, 1012.
[5] Draganski, B., C. Gaser, V. Busch, G. Schuierer, U. Bogadahn, and A. May (2004). Neuroplasticity: changes in grey matter induced by training, Nature 427, 311.
[6] Steele, C. J., J. A. Bailey, R. J. Zatorre, and V. B. Penhune (2013). Early musical training and white matter plasticity in the corpus callosum: Evidence for a sensitive period. Journal of Neuroscience 33(3), 1282.
[7] Zhou, Y., F. C. Lin, Y. S. Du, L. D. Qin, Z. M. Zhao, J. R. Xu, and H. Lei (2009). Gray matter abnormalities in internet addiction: A voxel-based morphometry study, European Journal of

Radiology.
[8] Breedlove, M. (1997). Sex on the Brain. Nature 389, 801.
[9] Maguire, E. A., K. Woollett, and H. J. Spiers (2006). London taxi drivers and bus drivers: a structural MRI and neuropsychological analysis, Hippocampus 16(12), 1091.
[10] Leonard, C. M., S. Towler, S. Welcome, L. K. Halderman, R. Otto, M. A. Eckert, and C. Chiarello (2008). Size matters: cerebral volume influences sex differences in neuroanatomy, Cerebral Cortex 18(12), 2920.
[11] Teicher, M. H., S. L. Andersen, A. Polcari, C. M. Anderson, C. P. Navalta, and D. M. Kim (2003). The neurobiological consequences of early stress and childhood maltreatment. Neuroscience and Biobehavioral Reviews 27(1-2), 33.
[12] Mehta, M. A., N. I. Golembo, C. Nosarti, E. Colvert, A. Mota, S. C. Williams, M. Rutter, and E. J. Sonuga-Barke (2009). Amygdala, hippocampal and corpus callosum size following severe early institutional deprivation: The English and Romanian Adoptees Study Pilot, Journal of Child Psychology and Psychiatry 50(8), 943.
[13] Andersen, S. L., A. Tomada, E. S. Vincow, E. Valente, A. Polcari, and M. H. Teicher (2008). Preliminary evidence for sensitive periods in the effect of childhood sexual abuse on regional brain development, Journal of Neuropsychiatry and Clinical Neuroscience 20(3), 292.
[14] Doidge, N. (2007). The Brain that Changes Itself London, UK: Penguin.
[15] Seo, Y., B. Jeong, J. W. Kim, and J. Choi (2010). The relationship between age and brain response to visual erotic stimuli in healthy heterosexual males. International Journal of Impotence Research In Press.

chapter 7 오해와 진실

2. 유전적인 영향과 무관하게 비정상은 비정상

[1] Truett, K. R., L. J. Eaves, E. E. Walters, A. C. Heath, J. K. Hewitt, J. M. Meyer, J. Silberg, M. C. Neale, N. G. Martin, K. S. Kendler (1994). A model system for analysis of family resemblance in extended kinships of twins, Behavior Genetics 24, 35.
[2] McGue M. and D. T. Lykken (1992). Genetic influence on risk of divorce, sychological Science 3(6), 368.
[3] Walters, E. E., M. C. Neale, L. J. Eaves, A. C. Heath, R. C. Kessler, and K. S. Kendler (1992). Bulimia nervosa and major depression. A study of common genetic and environmental factors, Psychological Medicine 22, 617.
[4] Rushton, J. P., D. W. Fulker, M. C. Neale, R. A. Blizard, and H. J. Eysenck (1984). Altruism and genetics, Acta Geneticae Medicae et Gemellologiae 33, 265.
[5] Bouchard, T. J., D. T. Lykken, M. McGue, N. L. Segal, and A. Tellegen (1990). Sources of human psychological differences: the Minnesota study of twins reared apart, Science 250, 223.

[6] Allgulander, C., J. Nowak, J. P. Rice (1991). Psychopathology and treatment of 30,344 twins in Sweden II Heritability estimates of psychiatric diagnosis and treatment in 12884 twin pairs, Acta Psychiatrica Scandinavica 83(1), 12.
[7] Horgan, J. (1993). Eugenics revisited, Scientific American 268 (June), 92.
[8] Verweij, K. J., S. N. Shekar, B. P. Zietsch, L. J. Eaves, J. M. Bailey, D. I. Boomsma, and N. G. Martin (2008). Genetic and environmental influences on individual differences in attitudes toward homosexuality: an Australian twin study, Behavior Genetics 38(3), 257.

chapter 8 요약과 결론

[1] http://shjhandsome.tistory.com/243
[2] 한국일보 2009. 3. 18일자 25면 "동성애는 왜 존재하는가?"
[3] http://kin.naver.com/qna/detail.nhn?d1id=11&dirId=1116&docId=115477015&qb=64Ko7ISxIOu PmeyEseyVoOyekCDrqqjqs4TsnZggWOyXvOyDieyytCDsnKDsolTsolE=&enc=utf8&section=kin &rank=1&search_sort=0&spq=0&pid=RTSgfF5Y7uwsst6fctIssssst0-081800 &sid=UWVSqHJvLBYAAGyabnY.

부록 1 차별금지법의 문제점

[1] http://blog.naver.com/pshskr/130167868990
[2] http://blog.naver.com/pshskr/130167376459
[3] http://blog.naver.com/pshskr/130167182966
[4] http://www.nowtheendbegins.com/blog/?p=27518
[5] http://www.christiantoday.co.kr/view.htm?id=268135
[6] http://www.newsnnet.com/news/articleView.html?idxno=2325
[7] http://blog.naver.com/pshskr/220139862229

부록 2 동성애의 보건의료적 문제점

[1] Diggs, J. R. Jr. (2010). 남성 동성애자 간, 성관계에 따른 건강상 위험들, 동성애차별금지법 입법반대를 위한 포럼 자료집, 154~166쪽.
[2] 크리스천 치의학협회와 카톨릭 의학협회, (2010). 법정 조언자(Amici Curiae)의 이해관계, 동성애차별금지법 입법반대를 위한 포럼 자료집, 167~183쪽.
[3] 질병관리본부 (2012). 2011 HIV/AIDS 신고현황 연보.
[4] 양봉민 · 최운정 (2004). "한국에서 HIV/AIDS 감염의 경제적 영향." 서울대학교 보건대학원 연구보고서.
[5] 고운영 (2001). 국내 HIV/AIDS 유병률 추계 및 예측과 역학적 특성 연구, 한양대학교 대학원 박사학위논문.

[6] 신희영 (2003). 우리나라의 2002년 HIV/AIDS 감염자 추정, 2003년 추계 예방의학.
[7] http://www.kormedi.com/news/article/1188015_2892.html
[8] http://www.cdc.gov/hiv/statistics/surveillance/incidence/index.html
[9] 부산일보, 2007년 11월 21일
[10] http://mitr.tistory.com/479
[11] http://news.naver.com/main/read.nhn?mode=LSD&mid=sec&sid1=102&oid=001&aid=0006190655
[12] http://mitr.tistory.com/775
[13] http://mitr.tistory.com/610
[14] 연합뉴스, 2012년 7월 20일
[15] http://blog.naver.com/pshskr/220126352239
[16] http://blog.naver.com/pshskr/220076493451
[17] Bell, A. P. and M. S. Weinberg (1978). Homosexualities. A Study Of Diversity Among Men And Women, New York: Simon and Schuster.
[18] http://au.christiantoday.co.kr/view.htm?id=20949
[19] Whitehead, N. and B. Whitehead (2010). My Genes Made Me Do It! Homosexuality and the scientific evidence, Layfayette, Louisiana: B. K. Huntington House.
[20] http://www.cdc.gov/hiv/pdf/statistics_surveillance_Adolescents.pdf?
[21] http://blog.naver.com/pshskr/130180630192

■ 저자 소개

_ 대표저자

길원평
서울대학교 자연대학 물리학과 졸업
서울대학교 대학원 석사 취득
미국 캘리포니아주립대학교 박사 취득
한국 물리학회 회원
미국 물리학회 회원
부산대학교 물리학과 교수(생물물리 전공)

_ 공동 저자

도명술
건국대학교 축산대학 졸업
이스라엘 와이즈만과학원 석사, 박사 취득
미국 스탠퍼드대학교 박사 후 연수
영국 리버풀 의대 안식년
한국 분자생물학회 회원
한국 면역학회 회원
한동대학교 생물식품공학부 부교수

이명진
경희대학교 의과대학 졸업
경희대학교 의과대학원 석사 취득
의사신문/의협신보 객원 논설위원 역임
의료정책고위과정 총괄간사역임
서울시 의사회 정책이사 역임
대한의사협회 중앙윤리위원 역임
의료윤리연구회 초대회장 역임
성산생명윤리연구소 운영위원
경희대학교 의학전문대학원 겸임교수

이세일

경북대학교 의과대학 졸업

경북대학교 의과대학원 석사, 박사 취득

비뇨기과 전문의

연당학술상 수상

대한비뇨기과학회 회원

세계비뇨기과학회 회원

대한남성과학회 회원

고신대학교 의과대학 비뇨기과 외래교수

다니엘종합병원 의료원장

임완기

서울대학교 체육교육과 졸업

서울대학교 대학원 석사, 박사 취득

미국 Univ. of Wisconsin 초빙교수

한국 최초의 체력관리사(CSCS)

미국체력관리학회(NSCA) 공로상 수상

대한체력관리학회 회장 역임

특수체육학회 이사 역임

호서대학교 체육과학부 교수(학장 역임)

호서대학교 생활체육연수원 원장

NSCA Korea 회장

정병갑

고려대학교 자연대학 생물학과 졸업

고려대학교 대학원 석사, 박사 취득

고신대학교 생명과학부 교수

고신대학교 사회교육원장 / 교육대학원장

독일 괴팅겐대학교 교환교수

일본 동경대학교 방문교수

미국 콜로라도대학교 교환교수

한국창조과학회 부회장